KOREANISCH LERNEN FÜR ANFÄNGER

Koreanisch LERNEN

2-IN-1 SPRACH-ARBEITSBUCH FÜR ANFÄNGER

- ☑ Beherrschen Sie das Hangul-Alphabet, Schritt für Schritt
- ☑ Wie man Koreanisch liest, schreibt und spricht
- ☑ Detaillierte Klang- und Aussprachehilfen
- ☑ Diagramme zur Strichfolge und Tipps zum Schreiben
- ☑ Lernen Sie mit Schreibübungen und Quizfragen

POLYSCHOLAR

www.polyscholar.com

© Copyright 2021 Jennie Lee - Alle Rechte vorbehalten

Rechtliche Hinweise: Dieses Buch ist urheberrechtlich geschützt. Dieses Buch ist nur für den persönlichen Gebrauch bestimmt. Der in diesem Buch enthaltene Inhalt darf ohne direkte schriftliche Genehmigung des Autors oder des Herausgebers nicht reproduziert, vervielfältigt oder übertragen werden. Sie dürfen den Inhalt dieses Buches ohne die Zustimmung des Autors oder des Herausgebers nicht verändern, verteilen, verkaufen, verwenden, zitieren oder paraphrasieren.

© Copyright 2021 Jennie Lee - Alle Rechte vorbehalten

Rechtliche Hinweise: Dieses Buch ist urheberrechtlich geschützt. Dieses Buch ist nur für den persönlichen Gebrauch bestimmt. Der in diesem Buch enthaltene Inhalt darf ohne direkte schriftliche Genehmigung des Autors oder des Herausgebers nicht reproduziert, vervielfältigt oder übertragen werden. Sie dürfen den Inhalt dieses Buches ohne die Zustimmung des Autors oder des Herausgebers nicht verändern, verteilen, verkaufen, verwenden, zitieren oder paraphrasieren.

INHALT

1. Einführung — 4
   - Wie Sie dieses Buch verwenden — 4
   - Hintergrundinformationen — 5
   - Erste Schritte — 8
   - Über Silben und Regeln — 10
   - Tipps zum Schreiben — 12
2. Lernen Sie die Grundbegriffe des Hangul — 16
3. Wiederholung & Übung — 41
4. Zusammengesetzte Buchstaben — 49
5. Komplexe & finale Konsonanten — 77
6. Aussprache & Lautveränderungen — 89
7. Nützliche Wörter & Vokabeln — 101
8. Referenztabellen & Antworten — 123
9. Extra Übungsseiten — 129
10. Flashcard-Seiten — 142

> *Tipp:* *Dieses Buch funktioniert am besten mit Gelschreibern, Bleistiften, Kugelschreibern und ähnlichen Materialien. Seien Sie vorsichtig mit Markern und Tinte, da schwere oder nasse Medien zum Anlaufen des Papiers oder zur Übertragung auf die darunter liegenden Seiten führen können. Hier sind einige Testfelder, um zu prüfen, wie geeignet Ihre Stifte sind:*

WIE SIE DIESES BUCH VERWENDEN

Einer der schnellsten Wege, eine neue Fremdsprache zu lernen und zu verstehen, ist die Wiederholung. Während Sie in diesem Buch vorankommen, finden Sie auf der Seite Platz zum Üben des Gelernten, mit einer Reihe von Schreibübungen und einem kurzen Quiz am Ende jedes Abschnitts.

Später im Buch gibt es fortgeschrittenere Schreibübungen und einige nützliche Vokabeln, um Ihre neu erworbenen Hangul-Kenntnisse weiter auszubauen. Dieses Buch ist zum Schreiben gedacht, aber Sie können die Seiten gerne fotokopieren (für den persönlichen Gebrauch), wenn Sie lieber separat an Ihrem Schreiben arbeiten möchten.

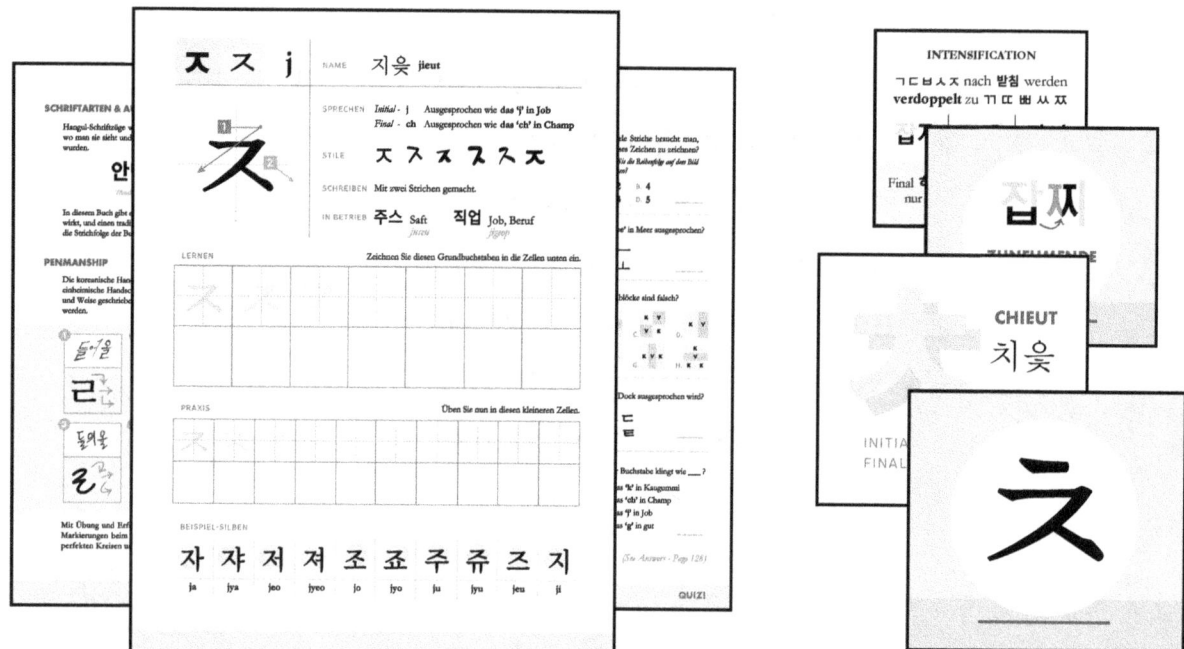

LERNEN, AUSWENDIG LERNEN UND ÜBEN SIE HANGUL   **INKLUSIVE - FLASH CARDS!**

Wir haben zusätzliche Seiten mit Übungsrastern beigefügt, die Sie verwenden können, wenn Sie gelernt haben, wie man Hangul-Zeichen zeichnet, Silben bildet und Wörter schreibt! Auch diese können Sie, wenn es einfacher ist, für den Gebrauch zu Hause kopieren.

Der letzte Teil dieser Arbeitsmappe enthält eine Reihe von Seiten im Stil von Lernkarten, die entweder fotokopiert oder ausgeschnitten werden können. Sie sind eine großartige Möglichkeit, um sich die Symbole einzuprägen und Ihr Wissen zu testen. Jüngere Lernende sollten sich beim Ausschneiden von einem Erwachsenen helfen lassen!

EINLEITUNG

Koreanisch lesen, schreiben und sprechen zu lernen mag wie eine unglaublich schwierige Aufgabe erscheinen, aber wir haben uns bemüht, ein Arbeitsbuch zu erstellen, das es **einfacher und schneller macht**!

Die erste Hürde beim Erlernen der koreanischen Sprache ist für Deutschsprachige eine große, und das ist das koreanische Alphabet, bekannt als **Hangul**. Sie haben sicher schon gesehen, dass es aus Buchstaben besteht, die im Vergleich zu westlichen Alphabeten völlig fremd aussehen. Nicht nur, dass wir eine neue Sprache lernen müssen, sie wird auch noch in einer völlig neuen Schriftform geschrieben!

Im Handumdrehen werden Sie sehen, dass das koreanische Sprachsystem viel einfacher zu erlernen ist, als es zunächst aussieht. Dieses Buch wird Ihnen alles über das Hangul-Alphabet beibringen und am Ende werden Sie verstehen, wie man Koreanisch liest, schreibt und spricht! *Ganz schön raffiniert, was?*

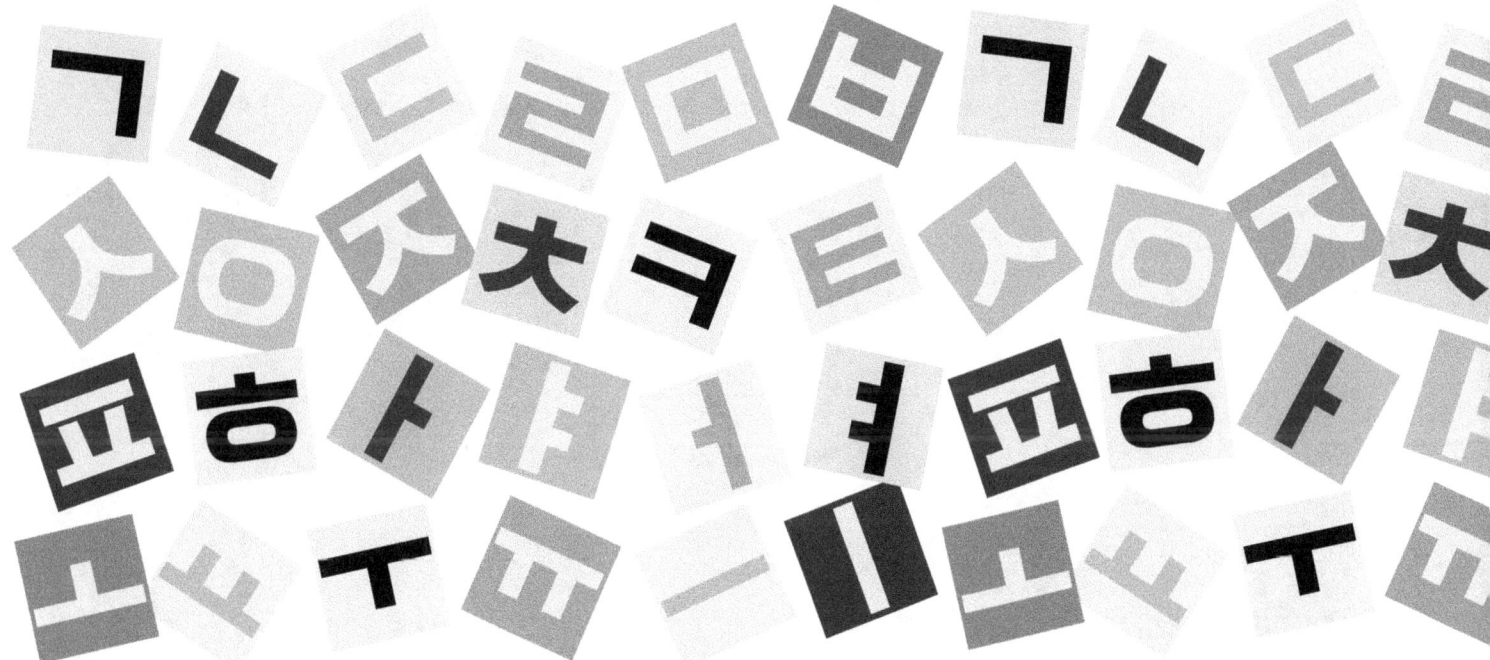

Hangul ist der Name des Alphabets und des Schriftsystems, das in ganz Korea verwendet wird. Der Name setzt sich aus den beiden koreanischen Wörtern **han** (한) und **geul** (글) zusammen, was wörtlich übersetzt *"große Schrift"* bedeutet. Han kann sich auf Korea als Ganzes beziehen, daher wird es auch als *"koreanische Schrift"* übersetzt. Hangul wird mit **Konsonanten** und **Vokalen** gebildet; nur die Buchstaben sehen anders aus!

(KURZE) GESCHICHTE

Bis Mitte des 14. Jahrhunderts schrieben die Koreaner in einer Mischung aus chinesischen und alten, einheimischen Schriften, die auf Phonetik basierten. Es gab (und gibt immer noch) eine riesige Anzahl einzigartiger chinesischer Schriftzeichen, die es schwierig machten, sich die Sprache zu merken und anzuwenden.

Dazu war auch eine Ausbildung erforderlich, die nur den wohlhabenden und oberen Klassen zur Verfügung stand, was bedeutete, dass selbst grundlegende Lese- und Schreibkenntnisse für die ärmeren und weniger privilegierten unteren Klassen nicht möglich waren.

Um die Alphabetisierung in einem viel größeren Umfang zu fördern und zu unterstützen, nahm König Sejong der Große es auf sich, ein neues und einzigartiges Sprachsystem zu entwerfen, das einfach, logisch und leicht zu erlernen war...

...das Hangul-Alphabet, das wir heute verwenden!

KOREANISCH LERNEN

Wenn man anfängt, Koreanisch zu lernen, könnte die Versuchung groß sein, Wörter oder Phrasen für bestimmte Szenarien nachzuschlagen und zu versuchen, sich deren Klang einzuprägen. Das mag zwar kurzfristig funktionieren, aber früher oder später werden Sie mit der muttersprachlichen Schrift lesen und schreiben müssen - und müssen praktisch wieder bei Null anfangen. *Es lässt sich einfach nicht vermeiden!*

Deshalb ist es wichtig, zunächst das koreanische Alphabet zu beherrschen. Wenn Sie damit beginnen, einfach jeden der Hangul-Buchstaben zu lernen, anstatt nur einzelne Wörter oder Sätze, werden Sie feststellen, dass Sie alles Koreanische mit Leichtigkeit und viel schneller verstehen können!

HANGUL IST EINFACH!

Im Gegensatz zum Chinesischen oder Japanischen, die jeweils aus Tausenden von einzigartigen und komplexen Kanji-Zeichen bestehen, ist die koreanische Sprache viel einfacher:

蔵 儀 遵 帰	한글 (ㅎㅏㄴㄱㅇㄹ)
Kanji-Symbole vermitteln ganze Wörter oder größere Bedeutungsbrocken, müssen also auswendig gelernt werden.	*Koreanisch hat ein vereinfachtes Alphabet, das viel einfacher zu lernen ist - wir lesen, schreiben und sprechen Buchstabe für Buchstabe!*

Für einige alltägliche chinesische Kanji sind bis zu 15 einzelne Zeichen erforderlich, während andere, weniger gebräuchliche Symbole zwischen 20 und 84 Anschlägen benötigen, um geschrieben zu werden! Die gute Nachricht für Sie ist, dass selbst die kompliziertesten Hangul-Buchstaben mit nur fünf Strichen gezeichnet werden.

ROMANISIERUNG

Die fremden Buchstaben und Wörter, die wir lernen wollen, müssen zunächst mit der Romanisierung dargestellt werden - hier wird unser vertrautes, auf Latein basierendes Schriftsystem verwendet, um die Laute zu vermitteln, die jedes Zeichen repräsentiert. Oft gibt es keine äquivalenten Buchstaben für die genauen Laute, daher ist es alles andere als ideal. Wir werden daran arbeiten, Hangul schnell auswendig zu lernen, so dass Sie die romanisierte Übersetzung so schnell wie möglich vermeiden können - die harte Arbeit wird sich aber lohnen, *vertrauen Sie mir!*

Es ist erwähnenswert, dass es mehrere verschiedene Versionen der Romanisierung gibt, die jeweils etwas andere Buchstaben als die nächste verwenden. Die einzige genaue Darstellung der Laute ist das Hangul-Alphabet selbst, und es gibt keine perfekte Möglichkeit, Koreanisch auf Deutsch darzustellen.

PRONUNKATION

Das Erlernen einer guten Aussprache der koreanischen Sprache beginnt mit dem Erlernen von Hangul. Es ist eine gute Übung, Wörter und Buchstaben laut auszusprechen, während Sie lernen. Nur durch Übung können Sie einen natürlichen und muttersprachlichen Akzent entwickeln, und das braucht Zeit. Wir empfehlen Ihnen, koreanische Fernsehsendungen mit Hangul-Untertiteln zu sehen und zu hören, sobald Sie das Alphabet beherrschen.

Hinweis: Dieses Arbeitsbuch enthält grundlegende Einführungen in die Aussprache, die aber zwangsläufig mit etwas Audio effektiver vermittelt wird. Übungsseiten zeigen nahe englische Äquivalente unter Verwendung ähnlich klingender Wörter.

ERSTE SCHRITTE

Das Hangul-Alphabet besteht aus nur **24 Grundbuchstaben**, die wir kombinieren, um alle Symbole und Zeichen zu erzeugen, die wir für koreanische Wörter benötigen. Es gibt nur **14 grundlegende Konsonanten** und **10 grundlegende Vokale** zu lernen, **also lassen Sie uns loslegen!**

GRUNDLEGENDE KONSONANTEN

Das Design der grundlegenden Hangul-Konsonanten konzentrierte sich auf die Formen, die mit dem Mund, der Zunge, dem Rachen und den Lippen gebildet werden, wenn sie artikuliert und laut ausgesprochen werden:

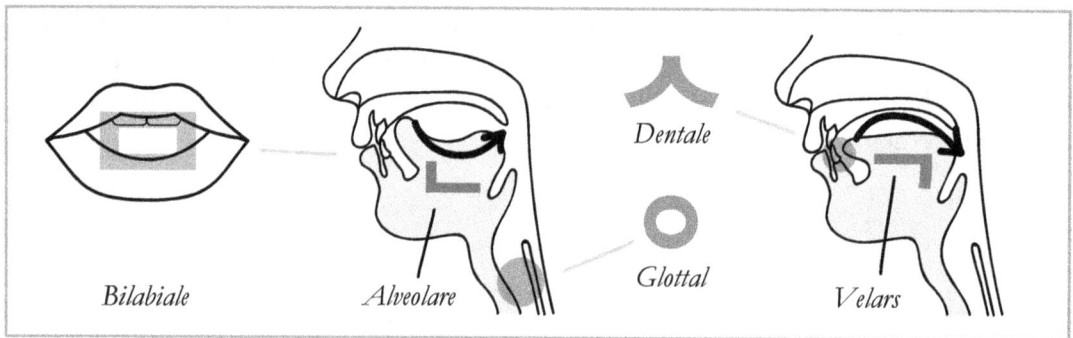

Sobald die fünf Anfangsformen festgelegt waren, wurden zusätzliche Konsonantenbuchstaben erstellt, indem zusätzliche Linien zu diesen ersten Buchstaben hinzugefügt wurden. Das Alphabet wird oft in einer einigermaßen alphabetischen Reihenfolge dargestellt - da das im Moment nicht wichtig ist, um es zu lernen, **werden wir die Buchstaben nach Formen gruppieren und anordnen**, um das Lernen etwas **effizienter** zu gestalten:

Hangul	ㄱ	ㅋ	ㄴ	ㄷ	ㅌ	ㅁ	ㄹ
Romanisierung	g/k	k	n	d/t	t	m	r/l

Hangul	ㅂ	ㅍ	ㅅ	ㅈ	ㅊ	ㅇ	ㅎ
Romanisierung	b/p	p	s	j/ch	ch	-/ng	h

Hinweis: Hangul hat eine Aussprache, die mit den lateinischen Buchstaben nicht genau übereinstimmen kann, mit Lauten, die sich je nach Verwendung ändern.

GRUNDVOKALE

Die grundlegenden Vokale wurden unter Verwendung von Formen entworfen, die die Erde *(Yin)*, den Himmel *(Yang)* und den Menschen *(der Mensch als Vermittler zwischen den beiden anderen)* repräsentierten.

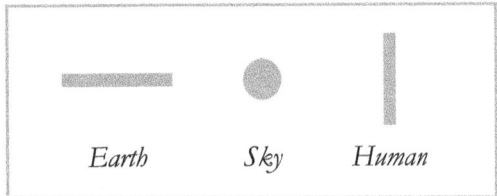

Im modernen Hangul ist der Punkt, der den Himmel darstellt *(dargestellt als Sonne oder Stern)*, nun mit den anderen Formen verbunden und wurde im Wesentlichen durch eine kurze Linie *ersetzt*.

Die Namen der Vokale sind wie die Laute, die sie darstellen. Sie werden feststellen, dass einige Vokale eine höhere, **"vertikale"** Form haben *(siehe Tabelle unten)* und die anderen Zeichen eine flachere Form und eine **"horizontale"** Ausrichtung haben:

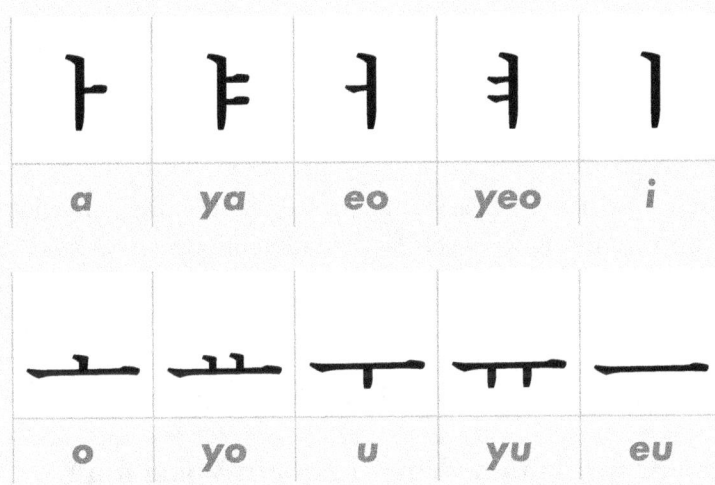

Diese *"vertikalen"* Vokale werden direkt rechts neben jeden Konsonanten gesetzt, der ihnen vorausgeht.

Die zweite Gruppe der *"horizontalen"* Vokale steht direkt unter einem vorangehenden Konsonanten.

Vokale und Konsonanten stehen nicht für sich allein - sie werden immer mit mindestens einem der anderen kombiniert. Zwei oder mehr Buchstaben werden verwendet, um echte Silben und Klänge zu erzeugen. Zum Beispiel hat der Buchstabe ㄱ für sich allein keine Bedeutung aber fügen Sie den Vokal ㅏ hinzu und es wird 가.

(oder 'ga', wenn wir es romanisieren - es klingt wie 'gah')

Mindestens 1 Konsonant + 1 Vokal = 1 Silbe

SILBENBLÖCKE

Koreanische Wörter werden in einer Reihe von "Blöcken" geschrieben und angezeigt - jeder dieser Blöcke enthält eine Silbe, genau wie die Beispiele unten auf der vorherigen Seite, und sie repräsentieren jeweils einen Laut. Diese **Silbenblöcke** werden mit den einzelnen Hangul-Buchstaben aufgebaut, die zuvor begegnet sind - schauen wir uns unten schnell ein Beispiel an:

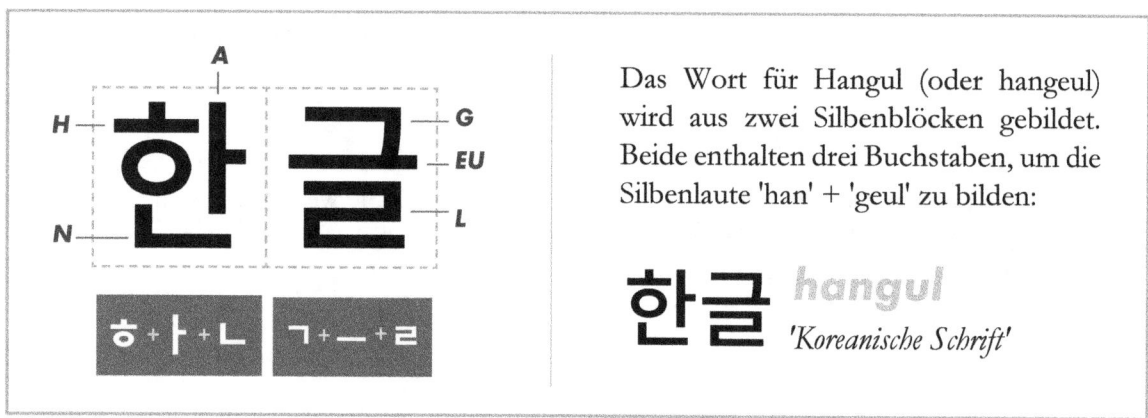

Das Wort für Hangul (oder hangeul) wird aus zwei Silbenblöcken gebildet. Beide enthalten drei Buchstaben, um die Silbenlaute 'han' + 'geul' zu bilden:

한글 *hangul*
'Koreanische Schrift'

EIN PAAR EINFACHE REGELN

Wenn Sie alle Buchstaben gelernt haben und sich ein paar einfache Regeln für die Verwendung in Blöcken merken können, können Sie im Grunde Koreanisch lesen und schreiben! *Das klingt fast zu einfach, oder?*

1. Silbenblöcke haben **immer** ein **Minimum von zwei Buchstaben.**

2. Jede Silbe **beginnt mit einem Konsonanten**, dem **immer ein Vokal folgt.**

3. Jede Silbe wird in **einem eigenen quadratischen Block geschrieben.**

4. Buchstaben werden *gequetscht oder gedehnt*, um einen **ähnlichen Platz wie die anderen einzunehmen.**

Es gibt theoretisch Tausende von möglichen Silben, *aber lassen Sie sich davon nicht beunruhigen*. Es ist unwahrscheinlich, dass Sie auf eine mit mehr als vier Buchstaben stoßen, und wenn Sie einfach zuerst die Buchstaben lernen, werden Sie jede einzelne mit Leichtigkeit verstehen können. Auf diese Weise haben Sie das Lesen und Schreiben in Ihrer eigenen Sprache gelernt - durch das Erlernen des Alphabets und wie die Buchstaben kombiniert werden und zusammenwirken, um Silben und Laute zu bilden.

SILBEN BAUEN

Das Layout eines Silbenblocks wird durch die Form des Vokals und die Anzahl der Buchstaben darin bestimmt. Erinnern Sie sich, dass Vokale entweder **vertikale** oder **horizontale** Formen haben? Wenn Sie von links nach rechts und von oben nach unten schreiben, beginnen Silben mit einem **Anfangskonsonanten** in der linken Hälfte *(bei vertikalen Vokalen)* oder in der oberen Hälfte *(bei horizontalen Vokalen)*.

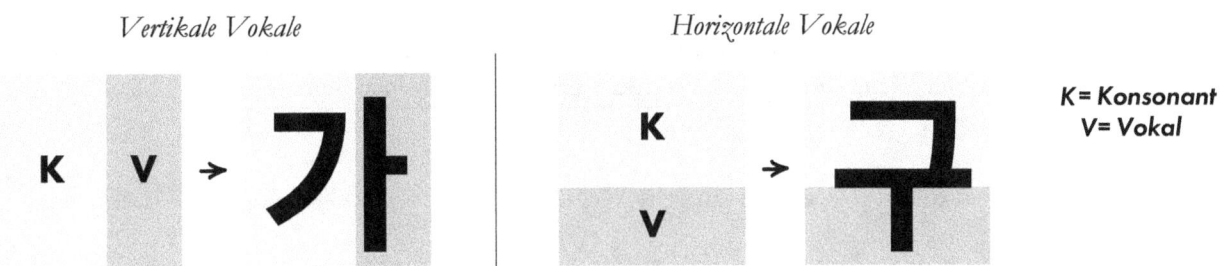

Wenn ein dritter und vierter Buchstabe zur Silbe hinzugefügt wird, werden sie direkt unter den ersten beiden platziert, wieder von links nach rechts. Hier sind einige weitere Beispiele:

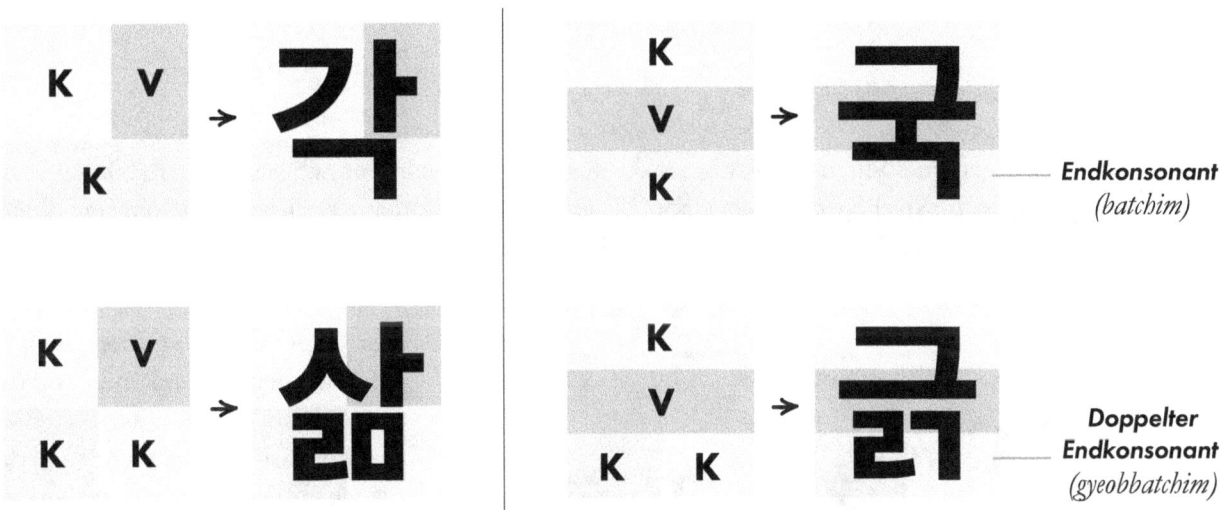

Konsonanten am Ende einer Silbe werden **batchim** 받침 oder *"Endkonsonanten"* genannt. Sie sind leichter zu verstehen, wenn Sie mehr gelernt haben, daher werden wir die Dinge in diesem Stadium einfach halten.

Im Wesentlichen sind **batchim** 받침 *(wörtlich: "Unterstützung")* eine grammatikalische Besonderheit im Koreanischen, bei der Konsonanten am Ende einer Silbe eine andere Aussprache tragen. **Vokale sind nie batchim**, so dass die Aussprachen, die Sie hier lernen werden, nicht betroffen sind!

WICHTIGE VOKALREGEL

Wir haben gelernt, dass jede Silbe mit einem Konsonanten beginnt und mindestens zwei Buchstaben hat - *was aber, wenn ein Satz mit einem Vokallaut beginnt?* Das kommt bei 한글 recht häufig vor und es gibt eine **kritische, aber einfach zu erlernende Regel,** um dieses Problem zu lösen. Während keiner der Buchstaben isoliert verwendet wird, ist diese Regel für Vokale wesentlich:

Wenn Silben mit einem Vokal beginnen, verwenden wir den Konsonanten ㅇ als stummen Platzhalter. Am Anfang einer Silbe und als Anfangskonsonant hat er keinen Klang. Diese Regel kann man sich leicht einprägen - **Vokale werden nie allein geschrieben!**

Hier ist ein Beispielwort - das koreanische Wort für *Alligator* - das diese Regel in Aktion zeigt:

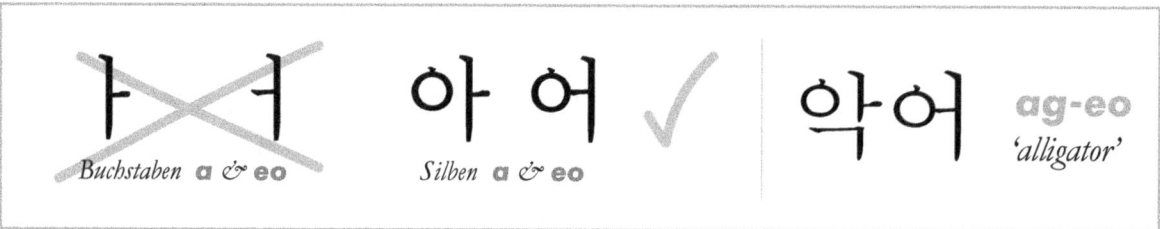

BUCHSTABENFORMEN

Einige Buchstaben können ein wenig anders aussehen, je nachdem, wo sie in einem Silbenblock stehen. Das häufigste Beispiel ist der Buchstabe ㄱ *(giyeok genannt)*, der ziemlich oft gedehnt, gequetscht und geklemmt wird - die Buchstabenformen werden durch alle anderen Buchstaben in der Silbe bestimmt:

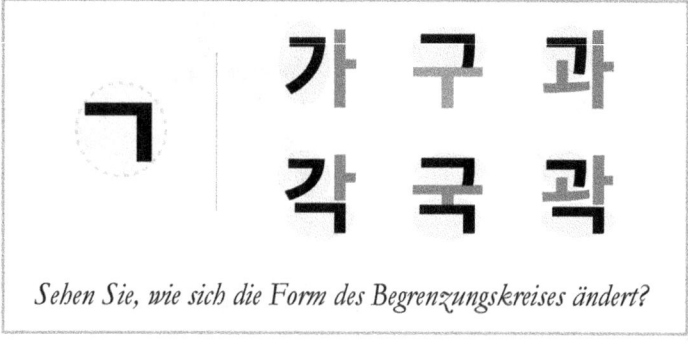

Sehen Sie, wie sich die Form des Begrenzungskreises ändert?

Es gibt keine strikten Regeln für Buchstabenformen, und das Aussehen variiert sogar zwischen verschiedenen Handschriftstilen. Wichtig ist, dass die Buchstaben mit der gleichen Anzahl von Strichen und in der gleichen Reihenfolge gezeichnet werden und die gleiche Gesamtform haben.

Die gleichen Formänderungen treten unabhängig von der Schriftart oder dem Schreibstil auf, z. B. ㄱ + 이 = **기** 기 und 기.

(Einige der anderen Buchstaben mit alternativen Grafikstilen sind: ㅈ, ㅊ, ㅉ, ㄹ *und* ㅎ*)*

Tipps zum Schreiben

LESEN & SCHREIBEN

Koreanisch wurde einst wie andere asiatische Sprachen, z. B. Chinesisch oder Japanisch, im vertikalen Stil geschrieben, aber die Sichtungen beschränken sich meist auf ältere, traditionelle Dokumente. Wenn Sie auf vertikale Schrift stoßen, handelt es sich wahrscheinlich um eine grafische Designentscheidung, wie z. B. bei Beschilderungen - so wie es auch möglich ist, den einen oder anderen westlichen Text zu sehen, der auf ähnliche Weise verwendet wird. Der meiste koreanische Text wird heutzutage horizontal geschrieben.

Wie wir bei der Betrachtung von Silben gelernt haben, schreiben wir Buchstabe für Buchstabe, einen Block nach dem anderen - beginnend oben links und nach unten rechts arbeitend. Wörter werden auch mit einem Leerzeichen getrennt - *einfach, nicht wahr?*

Es macht also Sinn, dass wir auch links-rechts und oben-unten lesen - wir bewegen uns über Blöcke und Wörter und klingen jeden Buchstaben im Kopf aus. Dies wird mit Übung schneller und einfacher. Wenn Sie das Ende einer Silbe erreichen, verschmelzen einige Laute ganz natürlich mit dem Anfang der folgenden Silben. Dann, einfach so, haben Sie es geschafft, einen koreanischen Text zu lesen und auszusprechen!

STREICHORDNUNG

Einzelne Hangul-Buchstaben und -Silben werden auf eine ganz bestimmte, schrittweise Weise geschrieben, die leicht zu beherrschen ist. Die Linien werden einzeln gezeichnet, von links oben nach rechts unten, jedes Mal:

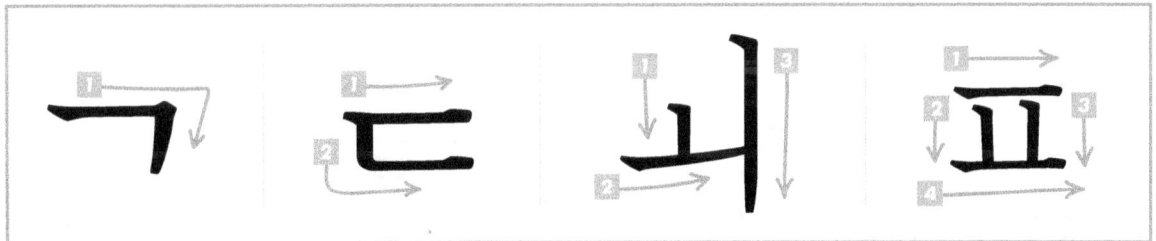

Das Erlernen der richtigen Strichfolge ist wichtig, um ein korrektes Koreanisch zu bilden, das leicht gelesen werden kann - ohne die richtige Strichfolge könnte Ihre Schrift völlig missverstanden werden. Es ist so viel einfacher, die richtige Strichfolge von Anfang an zu lernen, als sie später zu korrigieren!

Ursprünglich mit traditionellen Pinseln und Tinte gezeichnet, war jeder Strich beabsichtigt, wodurch ausgewogene Formen und eine gut lesbare Schrift entstanden. Es war auch eine sehr praktische Art des Schreibens, die sicherstellte, dass Sie Ihren Text nicht verwischten und Ihre Hände mit Tinte bedeckten!

SCHRIFTARTEN & AUSSEHEN

Hangul-Schriftzüge werden häufig mit unterschiedlichen Erscheinungsbildern dargestellt, je nachdem, wo man sie sieht und ob sie von Hand gezeichnet, gedruckt oder in einem digitalen Format dargestellt wurden.

안녕하세요 | 안녕하세요
'Moderner Sans-Serif-Stil' | 'Traditioneller Serifenstil'

In diesem Buch gibt es zwei Hauptstile: einen modernen "serifenlosen Stil", der blockartig und alltäglich wirkt, und einen traditionelleren "Serifenstil" mit einem Erscheinungsbild, das es etwas einfacher macht, die Strichfolge der Buchstaben zu erkennen, als ob sie einzeln von Hand gezeichnet wären.

HANDSCHRIFT

Die koreanische Handschrift muss nicht perfekt sauber sein - in der Tat werden Sie feststellen, dass die einheimische Handschrift selten aus perfekt geformten Zeichen besteht! Wenn sie auf die richtige Art und Weise geschrieben wird, mit der richtigen Strichfolge, kann die meiste Schrift in Hangul verstanden werden.

Wenn Sie sich die vier links dargestellten Handschriftbeispiele ansehen, können Sie erkennen, dass derselbe Buchstabe ㄹ jedes Mal anders gezeichnet wird: Die nachfolgenden Beispiele werden weniger ordentlich, aber sie sind alle erkennbar.

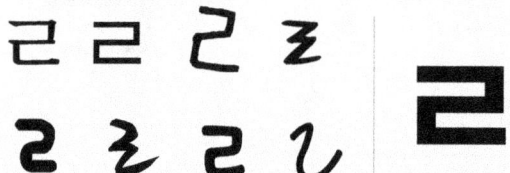

Die Übungsseiten in diesem Buch bieten für jeden Buchstaben ein anderes Aussehen, wobei die handschriftlichen Schriftarten als Referenz verwendet werden können.

Mit Übung und Erfahrung merken Sie bald, wie ein Stift benutzt wurde und dass selbst verirrte Markierungen beim Lesen helfen können. Echte koreanische Handschrift besteht nicht nur aus perfekten Kreisen und Quadraten!

ÜBER DIE AUSSPRACHE

Einer der verwirrendsten Aspekte für Anfänger ist die Betonung von Buchstaben mit unterschiedlichen Aussprachen. Einige Hangul werden mit mehr als einem lateinischen Buchstaben daneben angezeigt und normalerweise ohne wirkliche Erklärung - haben Sie das auf Seite 8 bemerkt? Sie werden später im Buch mehr über die koreanische Aussprache lernen, aber für den Anfang ist hier ein kurzer Blick auf die Grundlagen, um Ihnen den Einstieg zu erleichtern:

Verschiedene Arten der Aussprache können unterschiedliche Klänge für denselben Buchstaben erzeugen - es gibt einige, die man im Koreanischen beachten sollte - glatt, stimmhaft, aspiriert oder angespannt:

> **Bei der aspirierten/unaspirierten Artikulation** geht es darum, wie viel Luft beim Sprechen aus dem Mund gedrückt wird. Bei der Aspiration gibt es mehr Kraft, und bei nicht-aspirierten Lauten unterdrücken wir diese. Halten Sie Ihre Hand vor den Mund und sagen Sie "Stopp" - spüren Sie es?

> **Angespannte** Laute sind explosivere oder kraftvollere Versionen von angesaugten Lauten.

> **Die stimmhafte oder stimmlose Aussprache** hängt davon ab, ob Sie den Bereich Ihrer Kehle aktivieren, der vibriert, um Ihre Sprache zu beeinflussen. Legen Sie einen Finger direkt über Ihren Kehlkopf und sagen Sie dann 'Schule'. Sagen Sie nun 'zusammen' - haben Sie den Unterschied gespürt?

Die Buchstaben in jeder Spalte der Tabelle (unten) werden mit zunehmender Kraft und Tonhöhe ausgesprochen - jeder Laut wird zu einer härteren und höher klingenden Version des Lautes auf der vorherigen "Ebene".

Einige Buchstaben werden mit mehr als einem römischen Äquivalent angezeigt, da sie unterschiedlich ausgesprochen werden, je nachdem wie und wo sie verwendet werden. Rechtschreibung und Buchstabenformen ändern sich nie, nur die Artikulation.

Ein Teil des Problems, mit dem die Schüler konfrontiert sind, ist, dass die Romanisierung einfach kein akkurater Weg ist, um die Klänge von Hangul zu vermitteln. Viele Konsonanten klingen zu ähnlich, wenn sie romanisiert werden, was eine zusätzliche Schwierigkeit darstellt, die wir nicht vermeiden können. Wir verstehen die Unterschiede zwischen den Lauten mit der Zeit und mit mehr Kontakt mit der Sprache besser. Sobald Sie Hangul gelernt haben, empfehlen wir Ihnen, sich viel koreanische Sprache anzuhören!

Teil 2

LERNEN SIE DIE GRUNDBEGRIFFE DES HANGUL

ㄱ ㄱ **g**

NAME	기역 **giyeok**

SPRECHEN *Initial* - **g**   Ausgesprochen wie **das 'g' in gut**
Final - **k**   Ausgesprochen wie **das 'k' in Dock**

STILE   ㄱ ㄱ ㄱ ㄱ ㄱ ㄱ

SCHREIBEN   Mit einem einzigen Strich gemacht.

IN BETRIEB   개 Hund   가족 Familie
gae   *gajok*

LERNEN   Zeichnen Sie diesen Grundbuchstaben in die Zellen unten ein.

PRAXIS   Üben Sie nun in diesen kleineren Zellen.

BEISPIEL-SILBEN

가	야	거	겨	고	교	구	규	그	기
ga	gya	geo	gyeo	go	gyo	gu	gyu	geu	gi

Hangul Konsonanten

ㅋ ㅋ k

NAME 키읔 kieuk

SPRECHEN *Initial* - **k** Ausgesprochen wie **das 'k' in Kaugtummi**
Final - **k** Ausgesprochen wie **das 'k' in Frühstück**

STILE ㅋ ㅋ ㅋ ㅋ ㅋ ㅋ

SCHREIBEN Mit zwei Strichen gezeichnet.

IN BETRIEB 코 Nase *ko*   부엌 Küche *bueok*   컵 Tasse *keob*

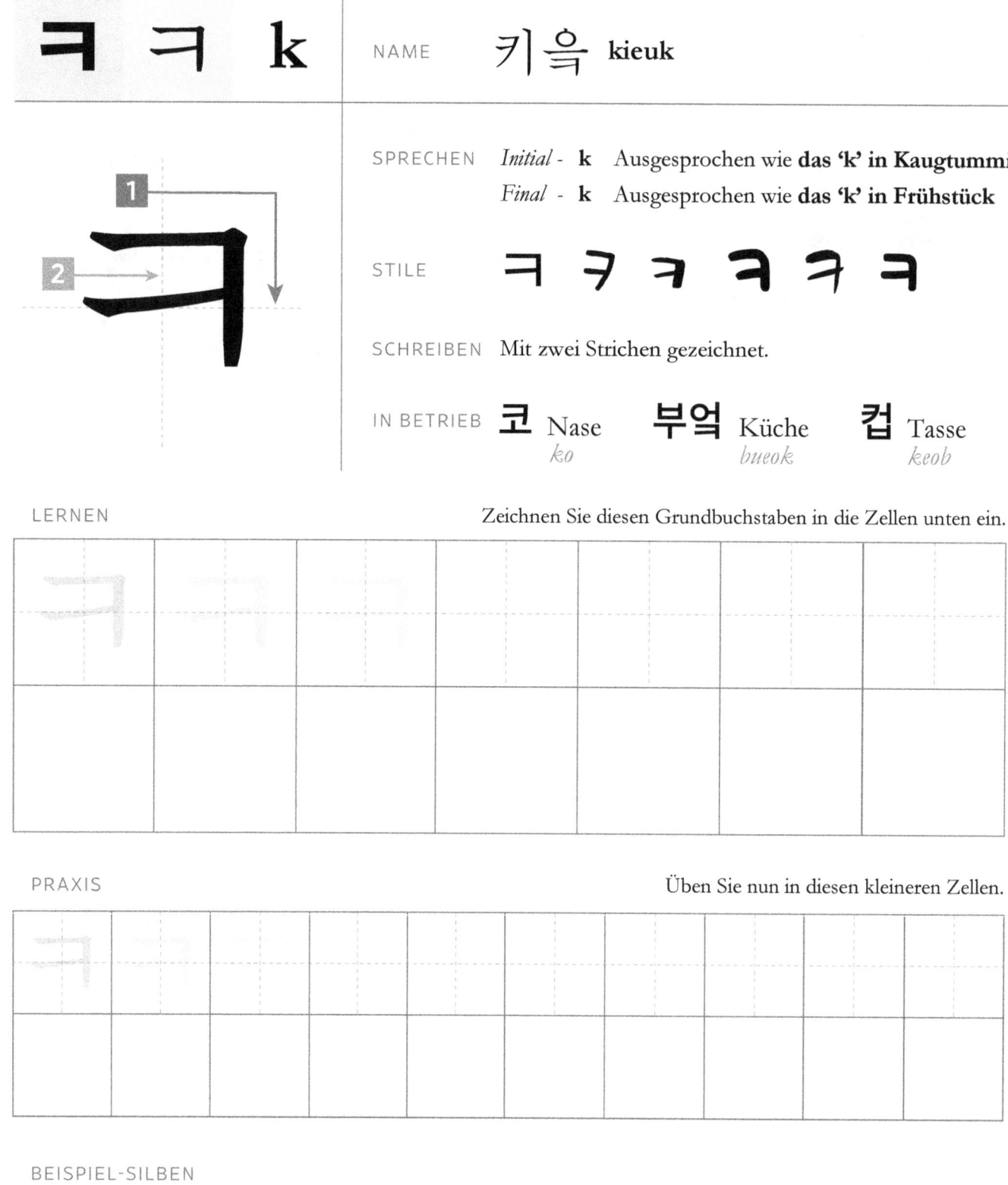

LERNEN Zeichnen Sie diesen Grundbuchstaben in die Zellen unten ein.

PRAXIS Üben Sie nun in diesen kleineren Zellen.

BEISPIEL-SILBEN

카	캬	커	켜	코	쿄	쿠	큐	크	키
ka	kya	keo	kyeo	ko	kyo	ku	kyu	keu	ki

ㄴ ㄴ n

NAME	니은 nieun
SPRECHEN	*Initial* - **n** Ausgesprochen wie **das 'n' in Natur** *Final* - **n** Ausgesprochen wie **das 'n' in Ton**
STILE	ㄴ ㄴ ㄴ ㄴ ㄴ ㄴ
SCHREIBEN	Mit einem einzigen Strich gemacht.
IN BETRIEB	**안녕** hallo (informell) **돈** Geld *annyeong* *don*

LERNEN   Zeichnen Sie diesen Grundbuchstaben in die Zellen unten ein.

PRAXIS   Üben Sie nun in diesen kleineren Zellen.

BEISPIEL-SILBEN

나	냐	너	녀	노	뇨	누	뉴	느	니
na	nya	neo	nyeo	no	nyo	nu	nyu	neu	ni

ㄷ ㄷ d

NAME	디귿 digeut
SPRECHEN	*Initial* - **d** Ausgesprochen wie **das 'd' in Dock** *Final* - **t** Ausgesprochen wie **das 't' in Zeit**
STILE	ㄷ ㄷ ㄷ ㄷ ㄷ ㄷ
SCHREIBEN	Mit zwei Strichen gezeichnet.
IN BETRIEB	구두 Schuhe 바다 Meer, Ozean *kudu* *bada*

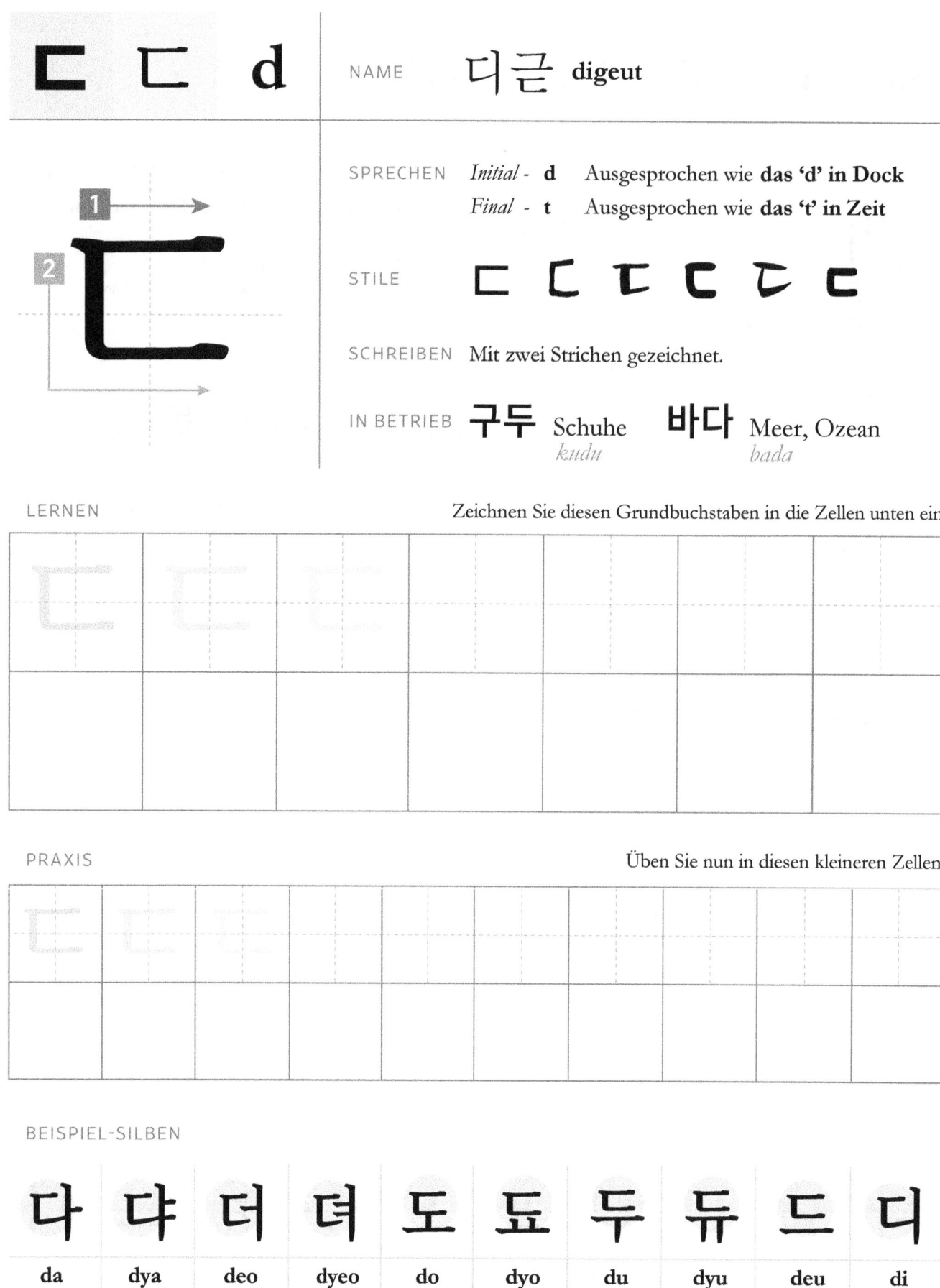

LERNEN
Zeichnen Sie diesen Grundbuchstaben in die Zellen unten ein.

PRAXIS
Üben Sie nun in diesen kleineren Zellen.

BEISPIEL-SILBEN

다	댜	더	뎌	도	됴	두	듀	드	디
da	dya	deo	dyeo	do	dyo	du	dyu	deu	di

ㅌ E t

NAME 티읕 tieut

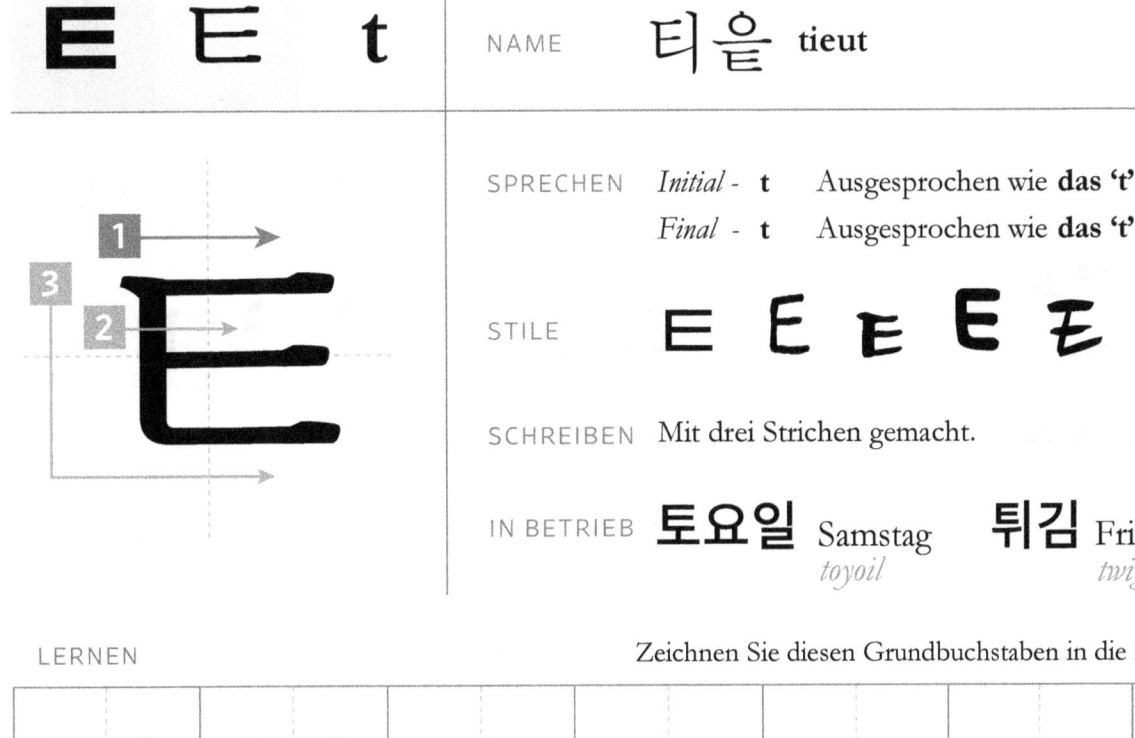

SPRECHEN *Initial* - **t**   Ausgesprochen wie **das 't' in Ton**
Final - **t**   Ausgesprochen wie **das 't' in Zeit**

STILE ㅌ ㅌ ㅌ ㅌ ㅌ

SCHREIBEN Mit drei Strichen gemacht.

IN BETRIEB **토요일** Samstag   **튀김** Frittiertes Essen
toyoil   *twigim*

LERNEN

Zeichnen Sie diesen Grundbuchstaben in die Zellen unten ein.

PRAXIS

Üben Sie nun in diesen kleineren Zellen.

BEISPIEL-SILBEN

타	탸	터	텨	토	툐	투	튜	트	티
ta	tya	teo	tyeo	to	tyo	tu	tyu	teu	ti

ㄹ ㄹ r/l

NAME	리을 rieul
SPRECHEN	*Initial* - **r** Ausgesprochen wie **das 'r' in runde** *Final* - **l** Ausgesprochen wie **das 'l' in Engel**
STILE	ㄹ ㄹ ㄹ ㄹ ㄹ ㄹ
SCHREIBEN	Gezeichnet mit drei Strichen.
IN BETRIEB	**라면** Ramen-Nudeln **주말** Wochenende *ramyeon* *jumal*

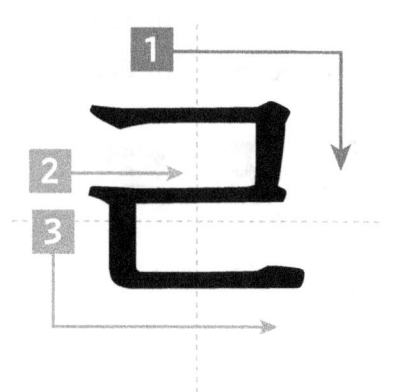

LERNEN

Zeichnen Sie diesen Grundbuchstaben in die Zellen unten ein.

PRAXIS

Üben Sie nun in diesen kleineren Zellen.

BEISPIEL-SILBEN

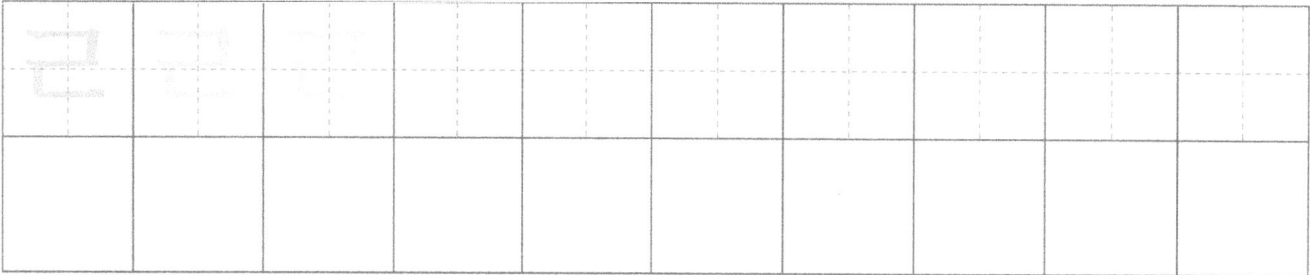

라	랴	러	려	로	료	루	류	르	리
ra	rya	reo	ryeo	ro	ryo	ru	ryu	reu	ri

ㅁ ㅁ m

NAME	미음 mieum
SPRECHEN	*Initial* - **m** Ausgesprochen wie **das 'm'** in Morgen *Final* - **m** Ausgesprochen wie **das 'm'** in Team
STILE	ㅁ ㅁ ㄇ ㅁ ㅁ
SCHREIBEN	Mit drei Strichen gemacht.
IN BETRIEB	뭐? Was? *mwo* 아침 Morgen, Frühstück *achim*

LERNEN

Zeichnen Sie diesen Grundbuchstaben in die Zellen unten ein.

PRAXIS

Üben Sie nun in diesen kleineren Zellen.

BEISPIEL-SILBEN

마	먀	머	며	모	묘	무	뮤	므	미
ma	mya	meo	myeo	mo	myo	mu	myu	meu	mi

ㅂ ㅂ b

NAME	비읍 **bieup**
SPRECHEN	*Initial* - **b** Ausgesprochen wie **das 'b' in Banane**
	Final - **p** Ausgesprochen wie **das 'p' in Soap**
STILE	ㅂ ㅂ ㅂ ㅂ ㅂ
SCHREIBEN	Mit vier geraden Strichen gemacht.
IN BETRIEB	비 Regen (*bi*) 버스 Bus (*beoseu*) 밥 Reis (*bap*)

LERNEN

Zeichnen Sie diesen Grundbuchstaben in die Zellen unten ein.

PRAXIS

Üben Sie nun in diesen kleineren Zellen.

BEISPIEL-SILBEN

바	뱌	버	벼	보	뵤	부	뷰	브	비
ba	bya	beo	byeo	bo	byo	bu	byu	beu	bi

ㅍ ㅍ p

NAME	피읖 pieup
SPRECHEN	*Initial* - **p** Ausgesprochen wie **das 'p' in Pizza**
	Final - **p** Ausgesprochen wie **das 'p' in stopp**
STILE	ㅍ ㅍ ㅍ ㅍ ㅍ ㅍ
SCHREIBEN	Gezeichnet mit vier Strichen.
IN BETRIEB	**파티** Party *pati* **피자** Pizza *pija* **커피** Kaffee *keopi*

LERNEN

Zeichnen Sie diesen Grundbuchstaben in die Zellen unten ein.

PRAXIS

Üben Sie nun in diesen kleineren Zellen.

BEISPIEL-SILBEN

파	퍄	퍼	펴	포	표	푸	퓨	프	피
pa	pya	peo	pyeo	po	pyo	pu	pyu	peu	pi

ㅅ ㅅ s

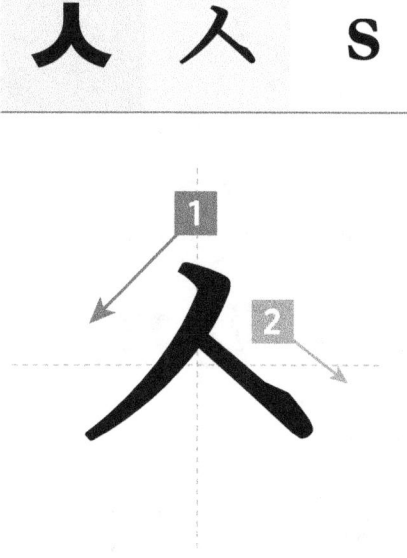

NAME	시옷 siot
SPRECHEN	*Initial* - **s** Ausgesprochen wie **das 's' in Snow**
	Final - **t** Ausgesprochen wie **das 't' in gut**
	Hinweis: Manchmal 'sch-', siehe S.98.
STILE	ㅅ ㅅ ㅅ ㅅ ㅅ ㅅ
SCHREIBEN	Mit zwei Strichen gezeichnet.
IN BETRIEB	시 Gedicht, Stadt 야자수 Palme
	si *yajasu*

LERNEN

Zeichnen Sie diesen Grundbuchstaben in die Zellen unten ein.

PRAXIS

Üben Sie nun in diesen kleineren Zellen.

BEISPIEL-SILBEN

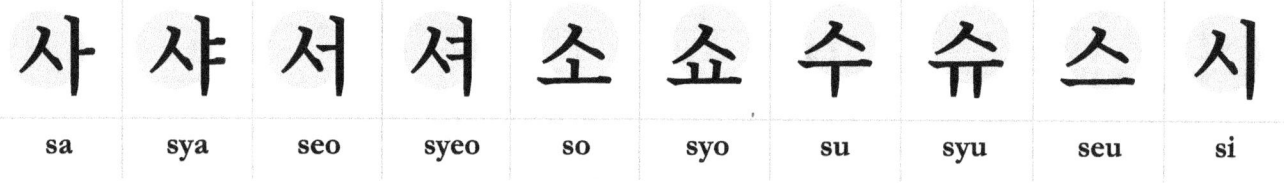

사	샤	서	셔	소	쇼	수	슈	스	시
sa	sya	seo	syeo	so	syo	su	syu	seu	si

ㅈ ㅈ j

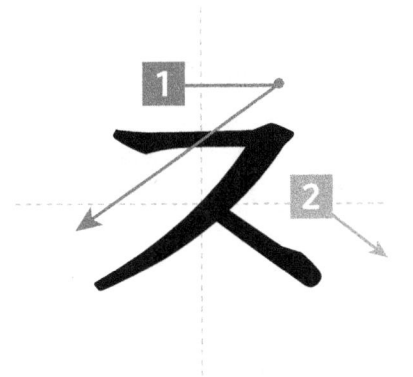

NAME	지읒 jieut
SPRECHEN	*Initial* - **j** Ausgesprochen wie **das 'j'** in Job *Final* - **t** Ausgesprochen wie **das 't'** in Zeit
STILE	ㅈ ㅈ ㅈ ㅈ ㅈ ㅈ
SCHREIBEN	Mit zwei Strichen gemacht.
IN BETRIEB	**주스** Saft *juseu* **직업** Job, Beruf *jigeop*

LERNEN

Zeichnen Sie diesen Grundbuchstaben in die Zellen unten ein.

PRAXIS

Üben Sie nun in diesen kleineren Zellen.

BEISPIEL-SILBEN

자	쟈	저	져	조	죠	주	쥬	즈	지
ja	jya	jeo	jyeo	jo	jyo	ju	jyu	jeu	ji

大 ㅊ ch

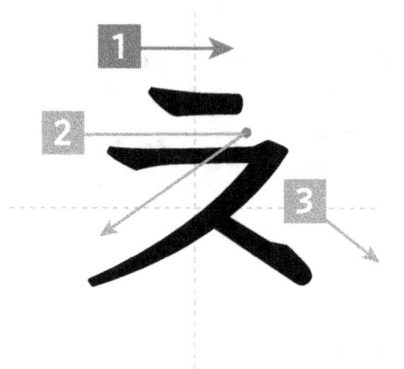

NAME	치읓 chieut
SPRECHEN	*Initial* - **ch** Ausgesprochen wie **das 'ch' in Champ**
	Final - **t** Ausgesprochen wie **das 't' in gut**
STILE	大 ㅊ ㅊ ㅊ ㅊ 大
SCHREIBEN	Mit drei Strichen gezeichnet.
IN BETRIEB	차 Auto 부츠 stiefel
	cha *bucheu*

LERNEN

Zeichnen Sie diesen Grundbuchstaben in die Zellen unten ein.

PRAXIS

Üben Sie nun in diesen kleineren Zellen.

BEISPIEL-SILBEN

| cha | chya | cheo | chyeo | cho | chyo | chu | chyu | cheu | chi |

| ㅇ ㅇ | n/a | NAME | 이응 ieung |

SPRECHEN	*Initial -* **stumm** *Final -* **ng** Ausgesprochen wie **das 'ng' in Klang**
STILE	ㅇ ㅇ ㅇ ㅇ ㅇ ㅇ ㅇ
SCHREIBEN	Hergestellt mit einem einzigen, kreisförmigen Strich. *Der 'Klumpen' ist die Stelle, an der ein Pinsel das Papier zuerst berühren*
IN BETRIEB	**가방** Tasche **식당** Restaurant, Cafe *gabang* *sigdang*

LERNEN

Zeichnen Sie diesen Grundbuchstaben in die Zellen unten ein.

PRAXIS

Üben Sie nun in diesen kleineren Zellen.

BEISPIEL-SILBEN

아	야	어	여	오	요	우	유	으	이
a	ya	eo	yeo	o	yo	u	yu	eu	i

ㅎ ㅎ h

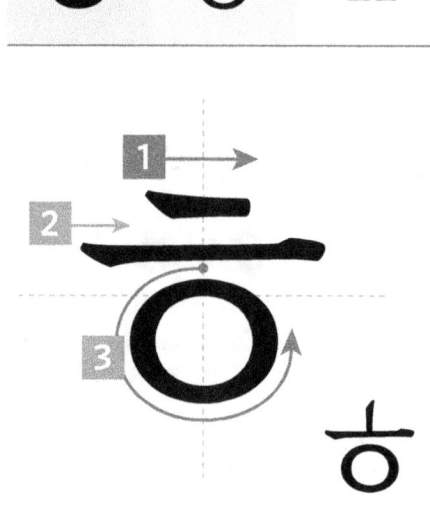

NAME	히읗 hieut
SPRECHEN	*Initial* - h Ausgesprochen wie **das 'h' in Hof** *Final* - t Ausgesprochen wie **das 't' in gut**
STILE	ㅎ ㅎ ㅎ ㅎ ㅎ ㅎ
SCHREIBEN	Mit drei Strichen gezeichnet.
IN BETRIEB	한국 Südkorea *Hanguk* 학교 Schule *haggyo*

LERNEN
Zeichnen Sie diesen Grundbuchstaben in die Zellen unten ein.

PRAXIS
Üben Sie nun in diesen kleineren Zellen.

BEISPIEL-SILBEN

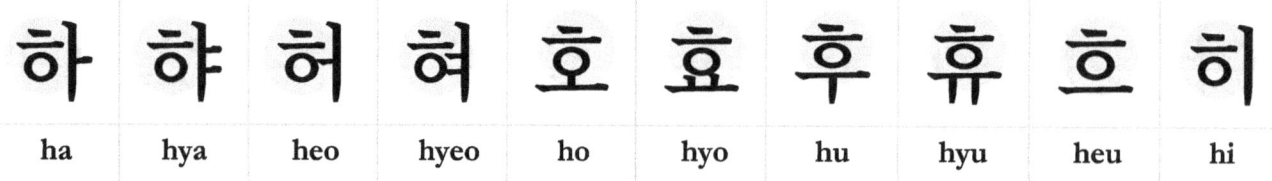

하 ha 야 hya 허 heo 혀 hyeo 호 ho 효 hyo 후 hu 휴 hyu 흐 heu 히 hi

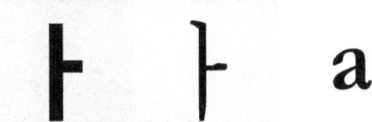

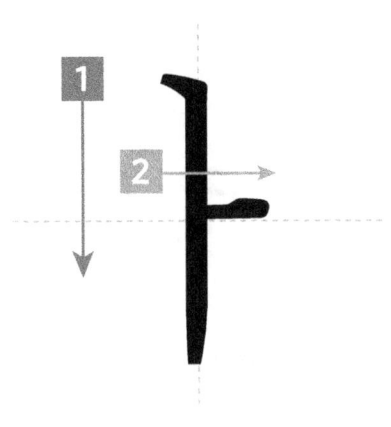

NAME	'a' - *gleich wie der Laut*
SPRECHEN	Ausgesprochen wie **das 'a' laut in Apfel**
STILE	ㅏ ㅏ ㅏ ㅏ ㅏ
SCHREIBEN	Wird mit zwei Strichen gebildet.
IN BETRIEB	나라 Land *nala* 나비 Schmetterling *nabi*

LERNEN

Zeichnen Sie diesen Grundbuchstaben in die Zellen unten ein.

PRAXIS

Üben Sie nun in diesen kleineren Zellen.

BEISPIEL-SILBEN

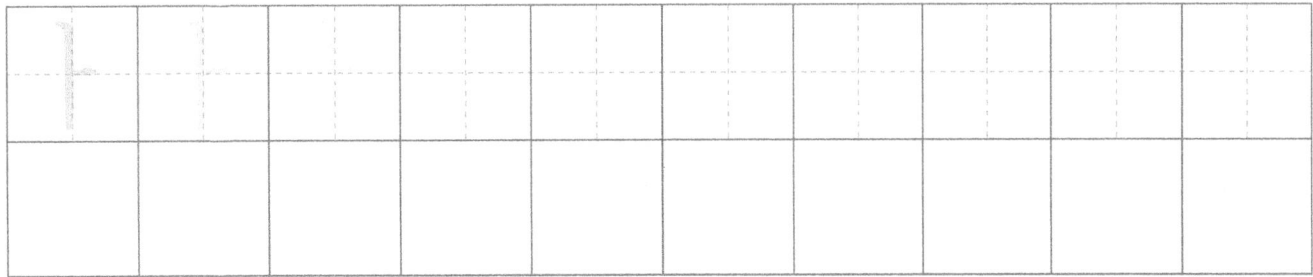

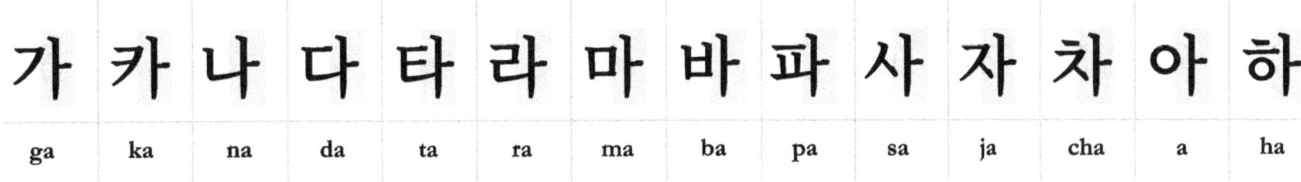

Hangul-Vokale

NAME	'ya' - gleich wie der Laut
SPRECHEN	Ausgesprochen wie **das 'ya' in Yard** *Wie bei 'a', aber mit einem weichen 'y'-Laut vorne.*
STILE	ㅑ ㅑ ㅑ ㅑ ㅑ ㅑ
SCHREIBEN	Mit drei Strichen gemacht.
IN BETRIEB	야구 Baseball *yagu* 고양이 Katze *goyangi*

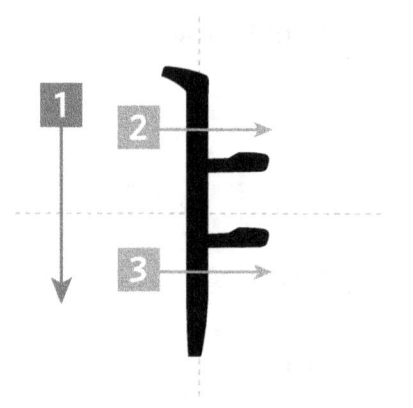

LERNEN

Zeichnen Sie diesen Grundbuchstaben in die Zellen unten ein.

PRAXIS

Üben Sie nun in diesen kleineren Zellen.

BEISPIEL-SILBEN

| gya | kya | nya | dya | tya | rya | mya | bya | pya | sya | jya | chya | ya | hya |

ㅓ ㅓ eo

NAME	'eo' - *gleich wie der Laut*
SPRECHEN	Ausgesprochen wie **das 'u'-laut in Bus**
	Mund in einer langen, hohen Form öffnen und die Lippen still halten.
STILE	ㅓ ㅓ ㅓ ㅓ ㅓ ㅓ
SCHREIBEN	Mit zwei Strichen gemacht.
IN BETRIEB	단어 Wort *daneo* 영어 Englisch (Sprache) *yeongeo*

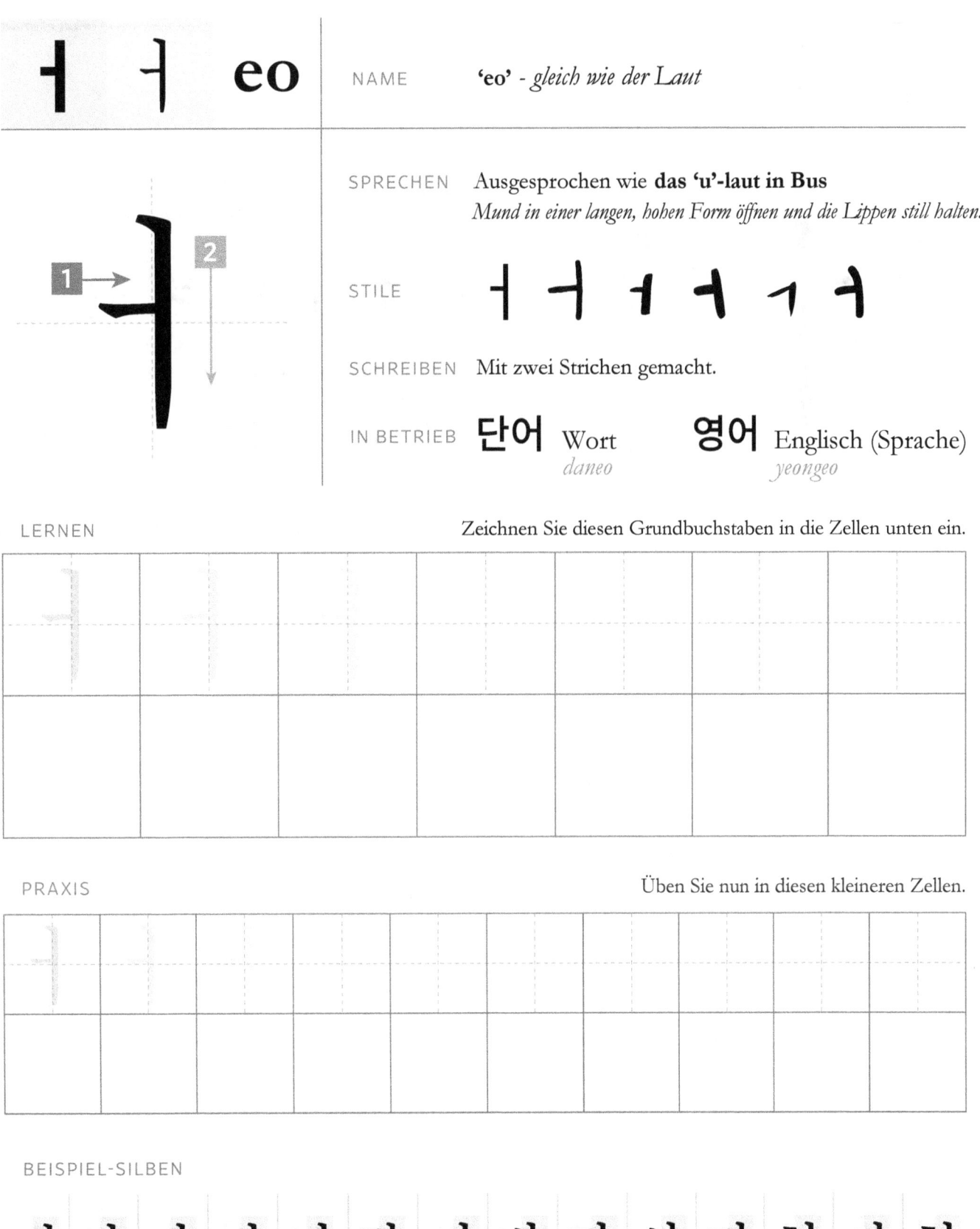

LERNEN

Zeichnen Sie diesen Grundbuchstaben in die Zellen unten ein.

PRAXIS

Üben Sie nun in diesen kleineren Zellen.

BEISPIEL-SILBEN

거	커	너	더	터	러	머	버	퍼	서	저	처	어	허
geo	keo	neo	deo	teo	reo	meo	beo	peo	seo	jeo	cheo	eo	heo

ㅕ ㅕ yeo

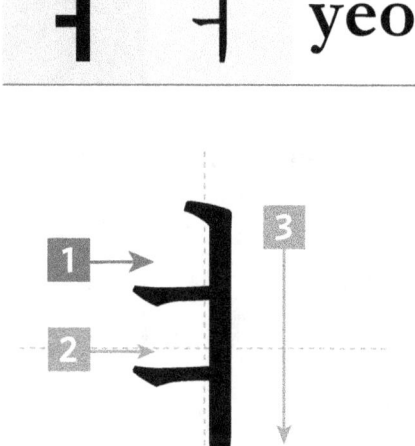

NAME	**'yeo'** - *gleich wie der Laut*
SPRECHEN	Ausgesprochen wie **das 'yu' in yum** *Wie bei 'eo', aber mit einem weichen 'y'-Laut vorne.*
STILE	ㅕ ㅕ ㅕ ㅕ ㅕ ㅕ
SCHREIBEN	Mit drei Strichen gemacht.
IN BETRIEB	편지 Brief *pyeonji* 저녁 Abendessen, Abend *jeonyeog*

LERNEN

Zeichnen Sie diesen Grundbuchstaben in die Zellen unten ein.

PRAXIS

Üben Sie nun in diesen kleineren Zellen.

BEISPIEL-SILBEN

겨	켜	녀	뎌	텨	려	며	벼	펴	셔	져	쳐	여	혀
gyeo	kyeo	nyeo	dyeo	tyeo	ryeo	myeo	byeo	pyeo	syeo	jyeo	chyeo	yeo	hyeo

ㅣ　ㅣ　i

NAME	'i' - *gleich wie der Laut*
SPRECHEN	Ausgesprochen wie **das 'ee' in Meer** *Breiter Mund, Zähne enger zusammen (nicht geschlossen)*
STILE	ㅣ ㅣ ㅣ ㅣ ㅣ ㅣ
SCHREIBEN	Mit einem einzigen Strich gemacht.
IN BETRIEB	**아버지** Vater **어머니** Mutter **아니** nein *abeoji* *eomeoni* *ani*

LERNEN

Zeichnen Sie diesen Grundbuchstaben in die Zellen unten ein.

PRAXIS

Üben Sie nun in diesen kleineren Zellen.

BEISPIEL-SILBEN

기	키	니	디	티	리	미	비	피	시	지	치	이	히
gi	ki	ni	di	ti	ri	mi	bi	pi	si	ji	chi	i	hi

ㅗ ㅗ o

NAME   'o' - gleich wie der Laut

SPRECHEN   Ausgesprochen wie **das 'o' in orange**
Mund in einer O-Form geöffnet, wobei die Lippen still gehalten werden.

STILE   ㅗ ㅗ ㅗ ㅗ ㅗ ㅗ

SCHREIBEN   Mit zwei Strichen gemacht.

IN BETRIEB   **손** Hand   **동물** Tier   **토마토** Tomate
son   *dongmul*   *tomato*

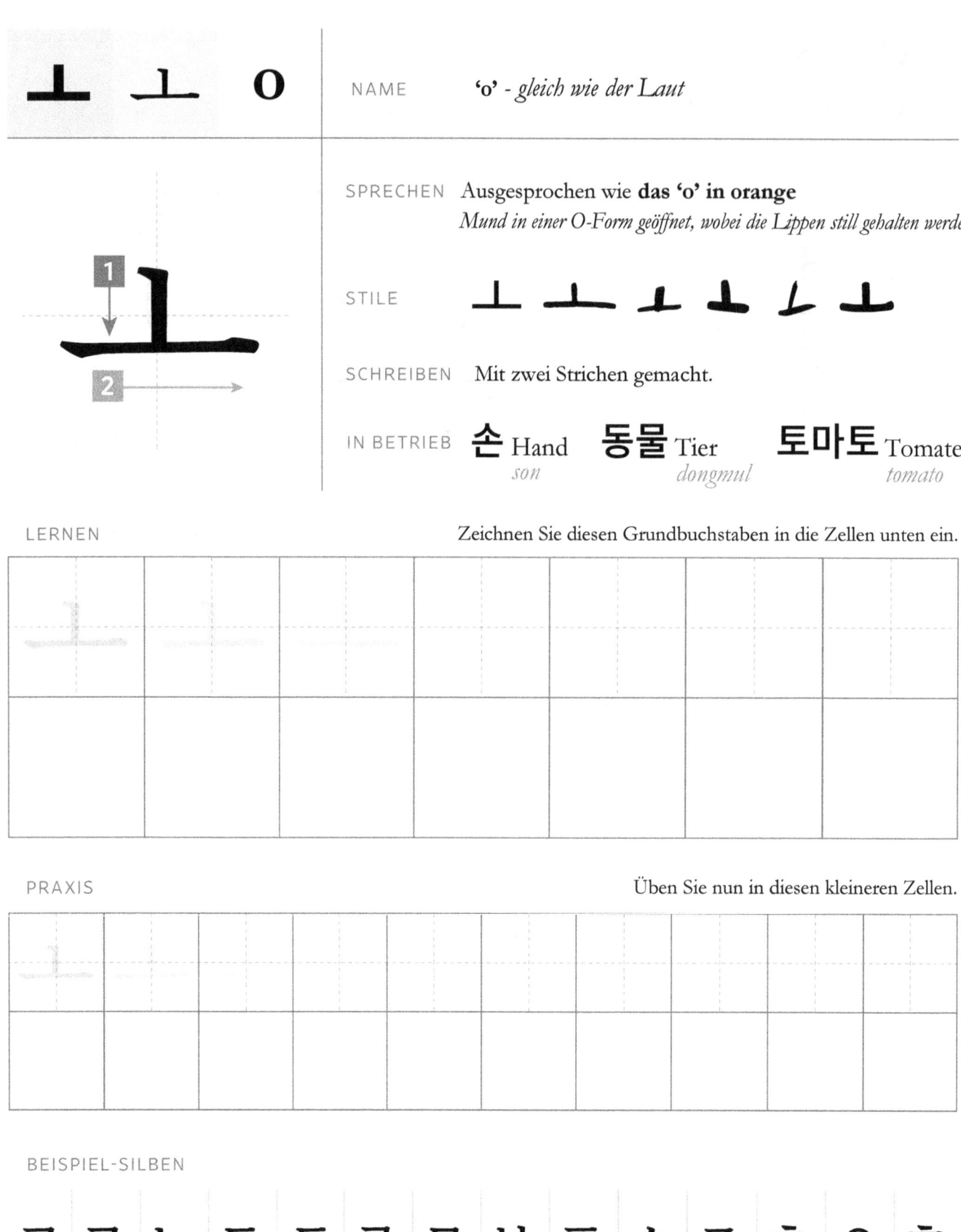

LERNEN — Zeichnen Sie diesen Grundbuchstaben in die Zellen unten ein.

PRAXIS — Üben Sie nun in diesen kleineren Zellen.

BEISPIEL-SILBEN

고	코	노	도	토	로	모	보	포	소	조	초	오	호
go	ko	no	do	to	ro	mo	bo	po	so	jo	cho	o	ho

36

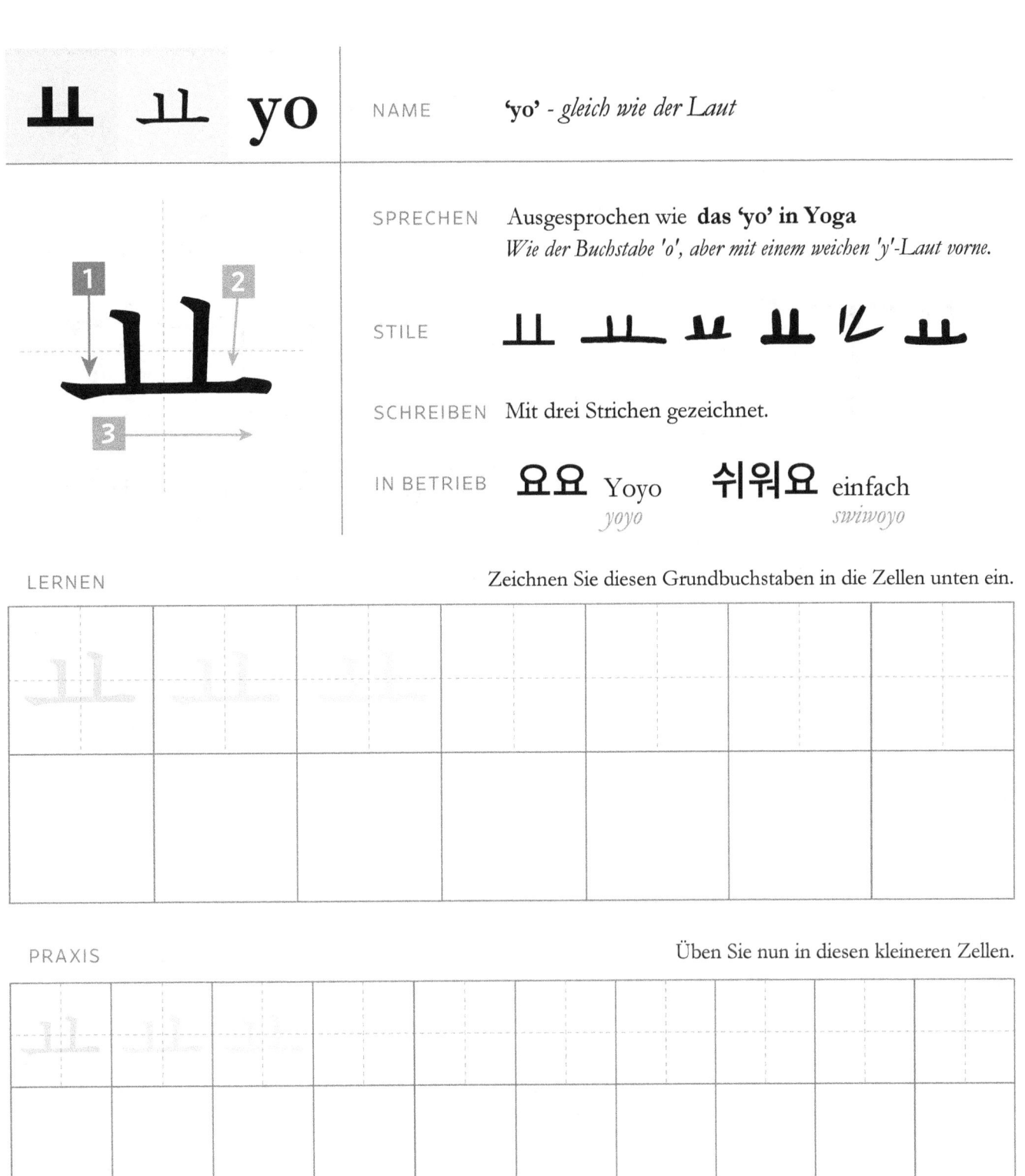

ㅜ ㅜ u	NAME	'u' - *gleich wie der Laut*

	SPRECHEN	Ausgesprochen wie **das 'oo' in cool** *Abgerundete Lippenform, offener Mund mit Untermund nach vorne*
	STILE	ㅜ ㅜ ㅜ ㅜ ㅜ ㅜ
	SCHREIBEN	Mit zwei Strichen gemacht.
	IN BETRIEB	**두부** Tofu *tubu* **추위** kalt *chuwi* **나무** Baum *namu*

LERNEN   Zeichnen Sie diesen Grundbuchstaben in die Zellen unten ein.

PRAXIS   Üben Sie nun in diesen kleineren Zellen.

BEISPIEL-SILBEN

구	쿠	누	두	투	루	무	부	푸	수	주	추	우	후
gu	ku	nu	du	tu	ru	mu	bu	pu	su	ju	chu	u	hu

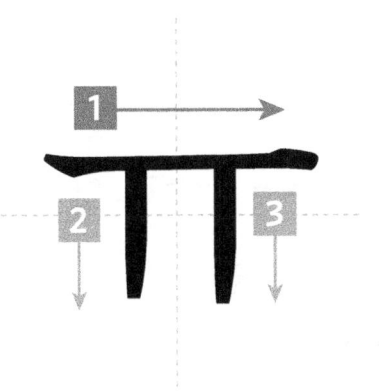

NAME	**'yu'** - *gleich wie der Laut*	
SPRECHEN	Ausgesprochen wie **das 'yu' in Yule** *Wie bei 'u', aber mit einem weichen 'y'-Laut vorne.*	
STILE	ㅠ ㅠ ㅠ ㅠ ㅠ ㅠ ㅠ	
SCHREIBEN	Gezeichnet mit drei Strichen.	
IN BETRIEB	자유 Freiheit *chayu*	컴퓨터 Computer *keompyuteo*

LERNEN

Zeichnen Sie diesen Grundbuchstaben in die Zellen unten ein.

PRAXIS

Üben Sie nun in diesen kleineren Zellen.

BEISPIEL-SILBEN

규	큐	뉴	듀	튜	류	뮤	뷰	퓨	슈	쥬	츄	유	휴
gyu	kyu	nyu	dyu	tyu	ryu	myu	byu	pyu	syu	jyu	chyu	yu	hyu

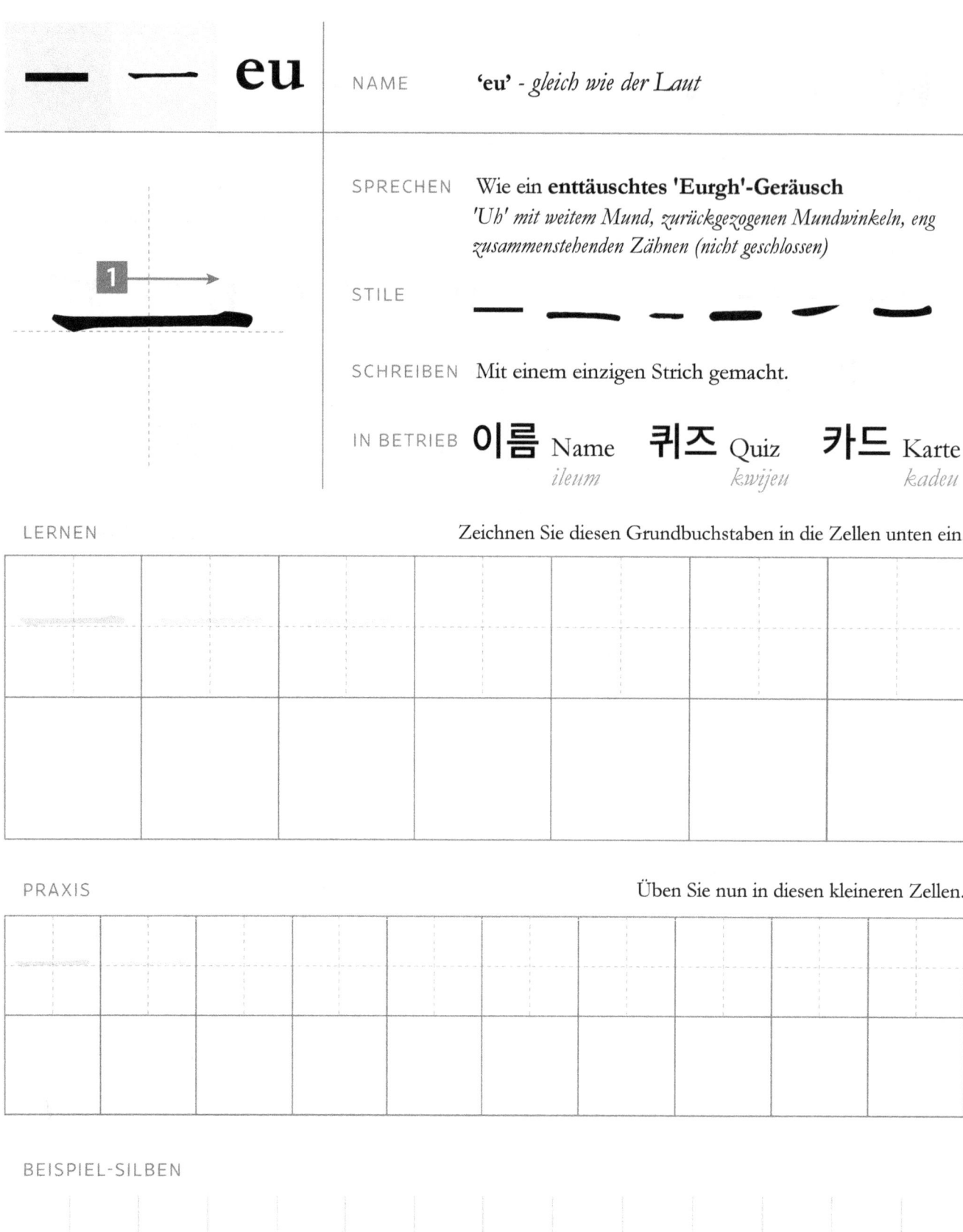

그	크	느	드	트	르	므	브	프	스	즈	츠	으	흐
geu	keu	neu	deu	teu	reu	meu	beu	peu	seu	jeu	cheu	eu	heu

Teil 3

GRUNDLEGENDE HANGUL

WIEDERHOLUNG & ÜBUNG

ÜBUNGEN   Kombinieren Sie diese Konsonanten mit Vokal: 아 **아**   DEN KLANG BESCHREIBEN

ㄱ								
ㅋ								
ㄴ								
ㄷ								
ㅌ								
ㄹ								

ÜBUNGEN   Kombinieren Sie diese Konsonanten mit Vokal: 야 **야**   DEN KLANG BESCHREIBEN

ㅁ								
ㅂ								
ㅍ								
ㅅ								
ㅈ								
ㅊ								

HINWEIS: DIE BEISPIELE DIENEN DER SCHREIBPRAXIS UND SIND MÖGLICHERWEISE NICHT ALLTÄGLICH

ÜBUNGEN	Kombinieren Sie diese Konsonanten mit Vokal: **어 어**								DEN KLANG BESCHREIBEN
ㄱ									
ㅋ									
ㄴ									
ㄷ									
ㅌ									
ㄹ									

ÜBUNGEN	Kombinieren Sie diese Konsonanten mit Vokal: **여 여**								DEN KLANG BESCHREIBEN
ㅁ									
ㅂ									
ㅍ									
ㅅ									
ㅈ									
ㅊ									

(Siehe Referenztabellen - Seite 123)

ÜBUNGEN Kombinieren Sie diese Konsonanten mit Vokal: 이 이   DEN KLANG BESCHREIBEN

ㄱ

ㅋ

ㄴ

ㄷ

ㅌ

ㄹ

ÜBUNGEN Kombinieren Sie diese Konsonanten mit Vokal: 으 으   DEN KLANG BESCHREIBEN

ㅁ

ㅂ

ㅍ

ㅅ

ㅈ

ㅊ

HINWEIS: DIE BEISPIELE DIENEN DER SCHREIBPRAXIS UND SIND MÖGLICHERWEISE NICHT ALLTÄGLICH

ÜBUNGEN   Kombinieren Sie diese Konsonanten mit Vokal: 오 오 | DEN KLANG BESCHREIBEN

ㄱ										
ㅋ										
ㄴ										
ㄷ										
ㅌ										
ㄹ										

ÜBUNGEN   Kombinieren Sie diese Konsonanten mit Vokal: 요 요 | DEN KLANG BESCHREIBEN

ㅁ										
ㅂ										
ㅍ										
ㅅ										
ㅈ										
ㅊ										

(Siehe Referenztabellen - Seite 123)

ÜBUNGEN   Kombinieren Sie diese Konsonanten mit Vokal: 우 우 | DEN KLANG BESCHREIBEN

ㄱ									
ㅋ									
ㄴ									
ㄷ									
ㅌ									
ㄹ									

ÜBUNGEN   Kombinieren Sie diese Konsonanten mit Vokal: 유 유 | DEN KLANG BESCHREIBEN

ㅁ									
ㅂ									
ㅍ									
ㅅ									
ㅈ									
ㅊ									

HINWEIS: DIE BEISPIELE DIENEN DER SCHREIBPRAXIS UND SIND MÖGLICHERWEISE NICHT ALLTÄGLICH

ÜBUNGEN	Kombinieren Sie diese Konsonanten mit Vokal: 오 요								DEN KLANG BESCHREIBEN
ㄱ									
ㅋ									
ㄴ									
ㄷ									
ㅌ									
ㄹ									

ÜBUNGEN	Kombinieren Sie diese Konsonanten mit Vokal: 오 요								DEN KLANG BESCHREIBEN
ㅁ									
ㅂ									
ㅍ									
ㅅ									
ㅈ									
ㅊ									

(Siehe Referenztabellen - Seite 123)

SCHNELLES QUIZ! A

Stellen wir Ihr Gedächtnis auf die Probe!

1  Dieser Buchstabe klingt wie ___ ?

- A. das **'yu'** in Yule
- B. das **'o'** in orange
- C. das **'ee'** in Meer
- D. das **'ya'** in Yard

6 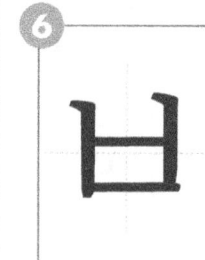 Wie viele Striche braucht man, um dieses Zeichen zu zeichnen?

Können Sie die Reihenfolge auf dem Bild einzeichnen?

- A. 2 B. 4
- C. 3 D. 5

2 ____ wie das **'p'** in Pizza ausgesprochen wird?

- A. ㅠ   B. ㅍ
- C. ㅛ   D. ㅂ

7 ____ wird wie das **'ee'** in Meer ausgesprochen?

- A. ㅜ   B. ㅡ
- C. ㅣ   D. ㅗ

3 Welchen dieser Konsonanten verwenden wir als stummen Platzhalter bei jedem Vokal?

A.   B.   C.   D.

8 Welche dieser Silbenblöcke sind falsch?

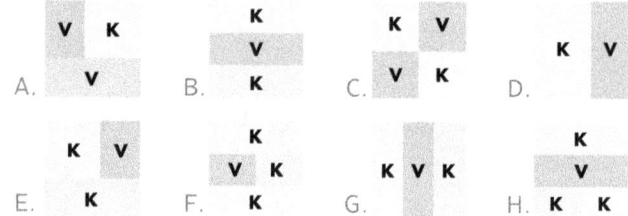

4 ____ wie das **'j'** in Job ausgesprochen wird?

- A. ㅅ   B. ㅊ
- C. ㅈ   D. ㅎ

9 ____ wie das **'d'** in Dock ausgesprochen wird?

- A. ㅋ   B. ㄷ
- C. ㄴ   D. ㅌ

5 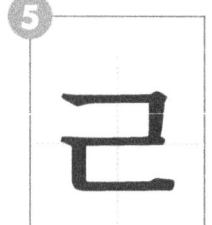 Wie viele Striche braucht man, um dieses Zeichen zu zeichnen?

Können Sie die Reihenfolge auf dem Bild einzeichnen?

- A. 2 B. 4
- C. 3 D. 5

10 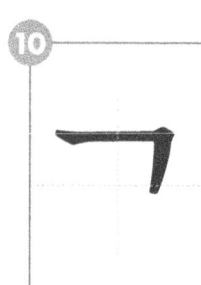 Dieser Buchstabe klingt wie ___ ?

- A. das **'k'** in Kaugummi
- B. das **'ch'** in Champ
- C. das **'j'** in Job
- D. das **'g'** in gut

(Siehe Antworten - Seite 128)

Teil 4

ZUSAMMENGESETZTE HANGUL-BUCHSTABEN

KOMBINATIONSBUCHSTABEN

Nach dem grundlegenden Hangul gibt es weitere 16 Buchstaben zu lernen, die oft als *zusammengesetzte Buchstaben* bezeichnet werden - aber sie sind nicht so kompliziert, wie sie klingen. Tatsächlich werden sie einfach mit Kombinationen der Buchstaben gebildet, die Sie jetzt schon lesen und schreiben können!

DOPPELKONSONANTEN

Dieser Buchstabensatz ist relativ klein - es gibt nur **5 "gespannte" Doppelkonsonanten** zu lernen und sie sind einfach zwei der gleichen Buchstaben zusammen! Jeder von ihnen kann als Anfangskonsonant verwendet werden, aber nur ㄲ und ㅆ können **batchim** sein *(wir werden uns das später ansehen)*.

Die Aussprache ist wie bei den Einzelbuchstaben-Versionen, nur dass man den Mund anspannt, wenn man sie ausspricht - *daher der Name!*

Indem Sie eine kurze Pause einlegen, wenn Sie einen Buchstaben aussprechen wollen, bauen Sie auf natürliche Weise dieses kleine bisschen zusätzliche Kraft hinter dem folgenden Buchstaben auf. Hier ist eine schnelle Übung, die Ihnen hilft, die **"gespannten"** Laute besser zu verstehen:

Sagen Sie das Wort "top" und danach das Wort "stop". Wiederholen Sie und achten Sie besonders auf die '-t'-Laute. Können Sie einen Unterschied zwischen den beiden fühlen und hören?

Wenn sie auf diese Weise gepaart sind, zählen die Doppelkonsonanten als ein einzelner Buchstabe, wenn wir sie schreiben. Daher ist der Platz, den sie in einer Silbe einnehmen, der gleiche wie bei jedem anderen einzelnen Buchstaben. Schauen wir uns nun an, wie Doppelkonsonanten in den folgenden Silbenlayouts aussehen:

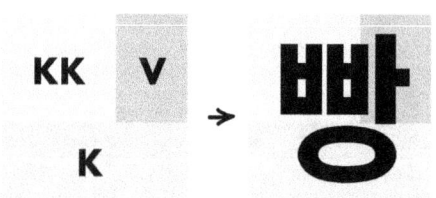 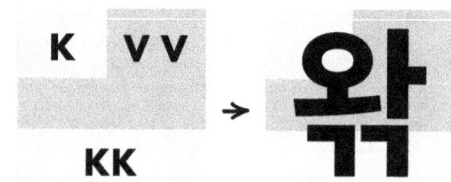

V = Vokal
K = Konsonant

K K = Doppel-Konsonant

V V = Doppel-Vokal

Weitere Buchstaben

DOPPELTE VOKALE

Diese zusammengesetzten Vokale, oder Diphthonge, werden aus zwei Grundvokalen gebildet. Die Laute, die die einzelnen Buchstaben repräsentieren, werden zusammengefügt, um einen neuen Klang zu erzeugen - wir sprechen die Diphthonge aus, indem wir die beiden zusammengefügten Vokale recht schnell aussprechen, als einen glatten Klang:

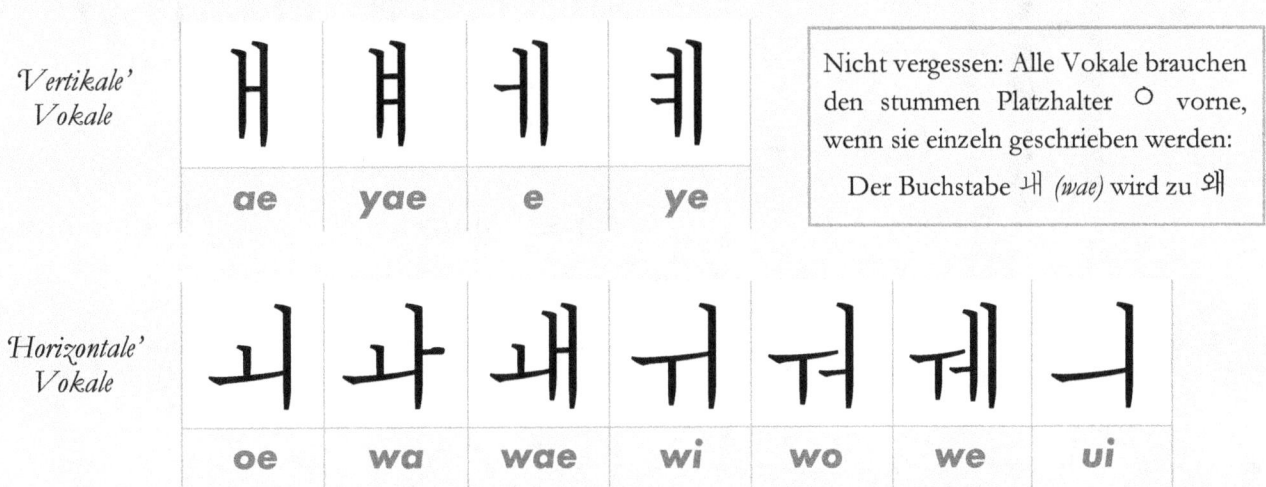

Nicht vergessen: Alle Vokale brauchen den stummen Platzhalter ㅇ vorne, wenn sie einzeln geschrieben werden: Der Buchstabe ㅙ *(wae)* wird zu 왜

Silbenblöcke mit Diphthongen haben auch unterschiedliche Layouts, abhängig von den Formen der Vokale darin und der Anzahl der Buchstaben, die sie enthalten:

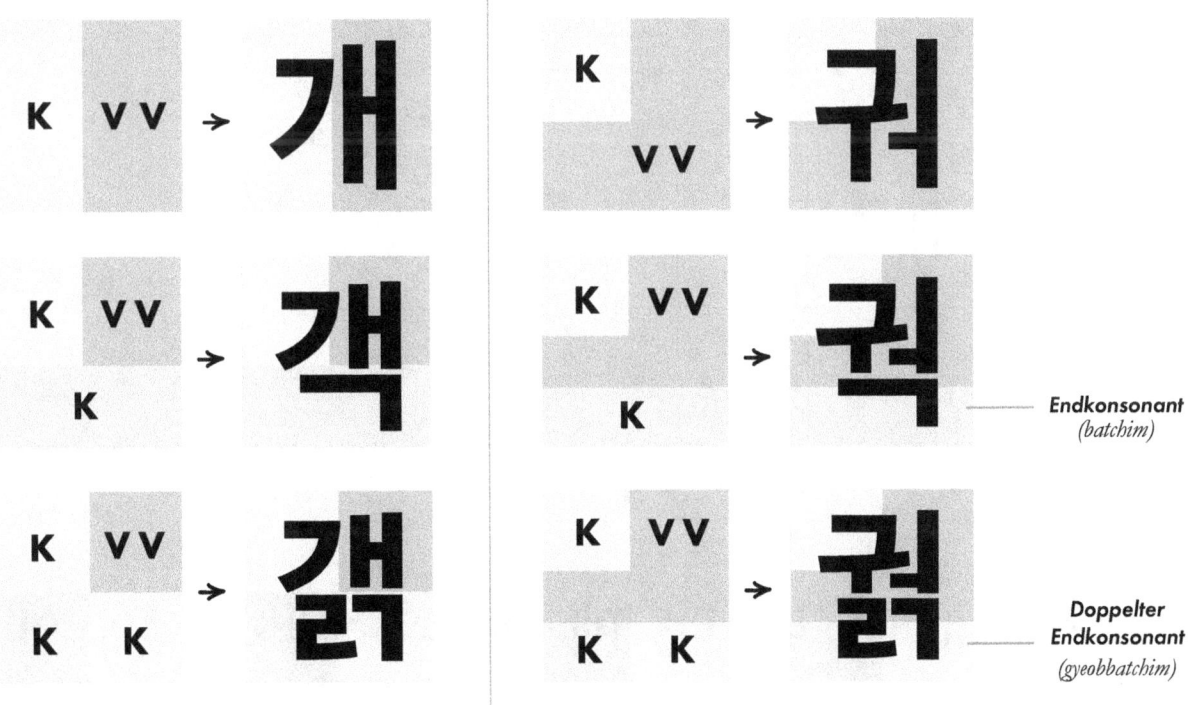

Endkonsonant *(batchim)*

Doppelter Endkonsonant *(gyeobbatchim)*

Zusammengesetztes Hangul

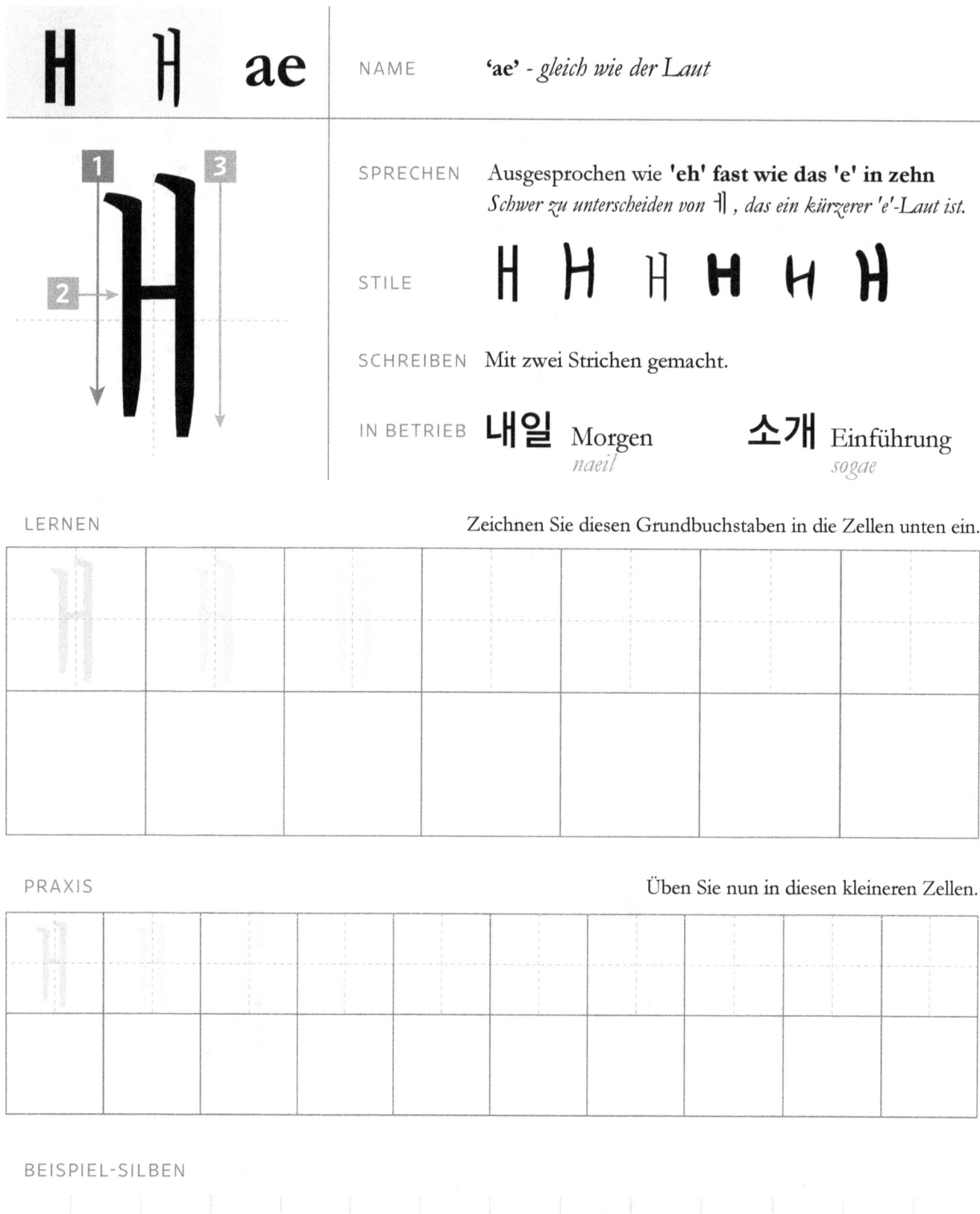

개	캐	내	대	태	래	매	배	패	새	재	채	애	해	
gae	kae	nae	dae	tae	rae	mae	bae	pae	sae	jae	chae	ae	hae	

	NAME	**'yae'** - *gleich wie der Laut*
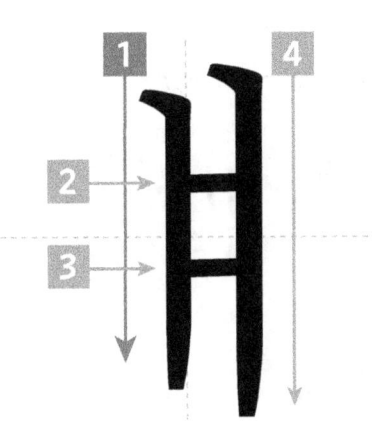	SPRECHEN	Ausgesprochen wie **'yeh' ähnlich wie 'yeah'** *Genau wie 'ae' mit einem 'y'-Laut vorne.*
	STILE	ㅒ ㅒ ㅒ ㅒ ㅒ ㅒ
	SCHREIBEN	Mit vier Anschlägen gemacht.
	IN BETRIEB	얘기 Geschichte *yaegi*

LERNEN

Zeichnen Sie diesen Grundbuchstaben in die Zellen unten ein.

PRAXIS

Üben Sie nun in diesen kleineren Zellen.

BEISPIEL-SILBEN

걔	컈	냬	댸	턔	럐	먜	뱨	퍠	섀	쟤	챼	얘	햬
gyae	kyae	nyae	dyae	tyae	ryae	myae	byae	pyae	syae	jyae	chyae	yae	hyae

Zusammengesetzte Vokale

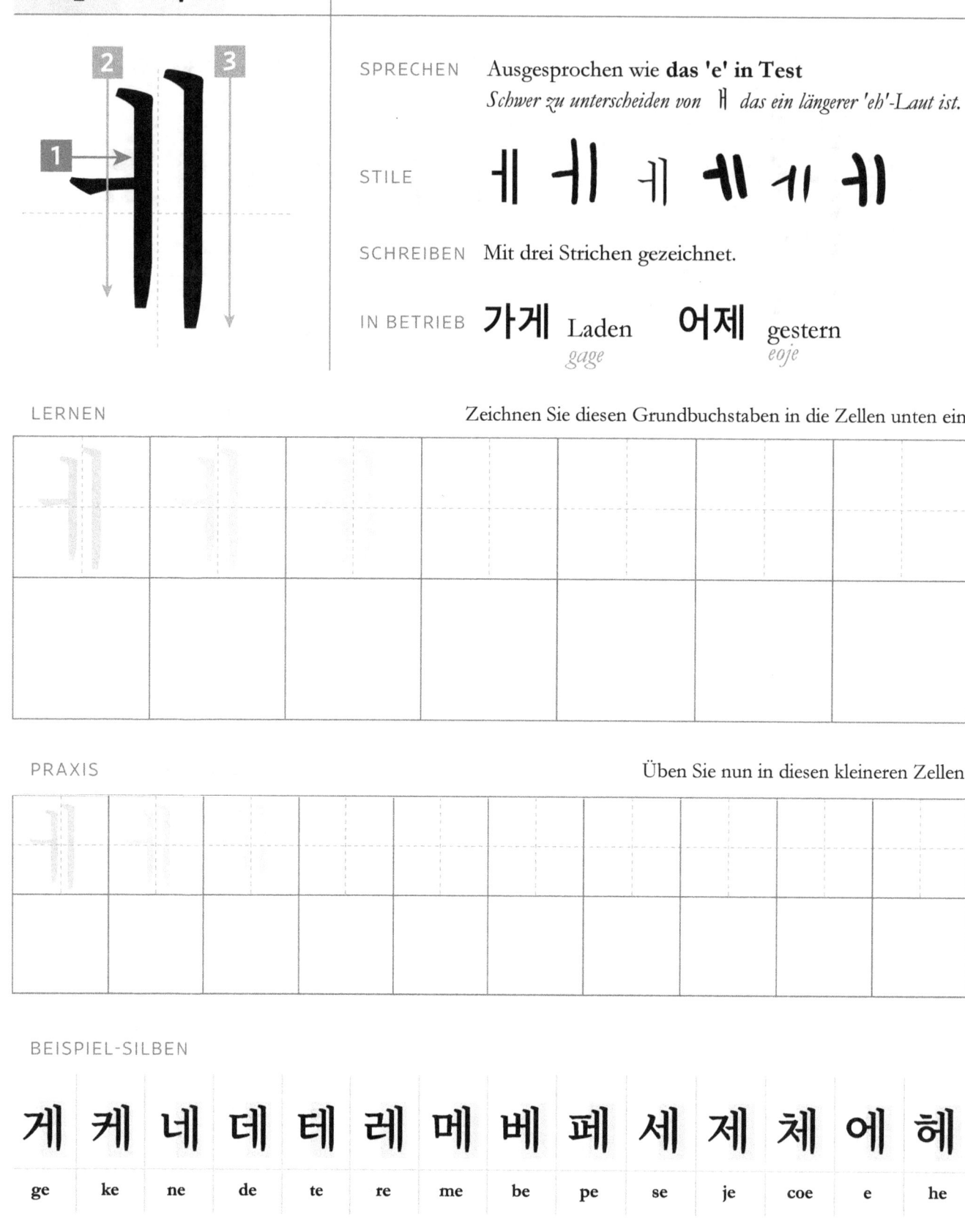

NAME	'e' - *gleich wie der Laut*
SPRECHEN	Ausgesprochen wie **das 'e' in Test** *Schwer zu unterscheiden von* ㅐ *das ein längerer 'eh'-Laut ist.*
STILE	ㅔ ㅔ ㅔ ㅔ ㅔ ㅔ
SCHREIBEN	Mit drei Strichen gezeichnet.
IN BETRIEB	가게 Laden *gage* 어제 gestern *eoje*

LERNEN

Zeichnen Sie diesen Grundbuchstaben in die Zellen unten ein.

PRAXIS

Üben Sie nun in diesen kleineren Zellen.

BEISPIEL-SILBEN

게	케	네	데	테	레	메	베	페	세	제	체	에	헤
ge	ke	ne	de	te	re	me	be	pe	se	je	coe	e	he

ㅖ ㅖ ye

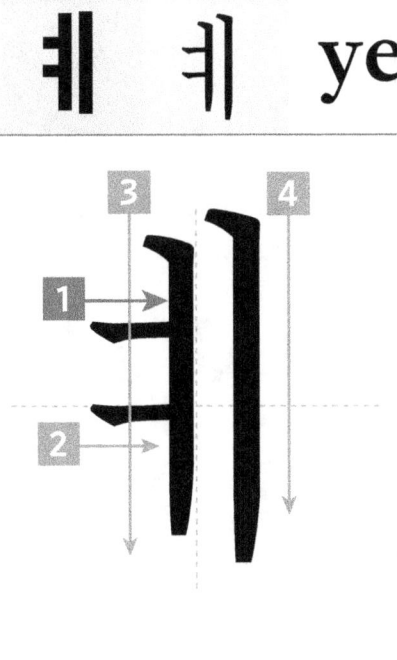

NAME	'ye' - gleich wie der Laut
SPRECHEN	Ausgesprochen wie **das 'ye'** im englischen Wort **'yes'** *Wie das vorherige 'e' mit einem 'y'-Laut vorne.*
STILE	ㅖ ㅖ ㅖ ㅖ ㅖ ㅖ
SCHREIBEN	Hergestellt mit vier Strichen.
IN BETRIEB	세계 Welt *segye* 시계 Uhr *sigye*

LERNEN

Zeichnen Sie diesen Grundbuchstaben in die Zellen unten ein.

PRAXIS

Üben Sie nun in diesen kleineren Zellen.

BEISPIEL-SILBEN

계	켸	녜	뎨	톄	례	몌	볘	폐	셰	졔	쳬	예	혜
gye	kye	nye	dye	tye	rye	mye	bye	pye	sye	jye	chye	ye	hye

55

ㅚ ㅚ oe

NAME	'oe' - gleich wie der Laut
SPRECHEN	Ausgesprochen wie **'weh'**, genau wie das **'we'** in west *Wie 'oh-eh', aber als einzelner glatter Klang*
STILE	ㅚ ㅚ ㅚ ㅚ ㅚ ㅚ
SCHREIBEN	Mit drei Strichen gezeichnet.
IN BETRIEB	뇌 Gehirn *noe* 회사 Firma *hoesa*

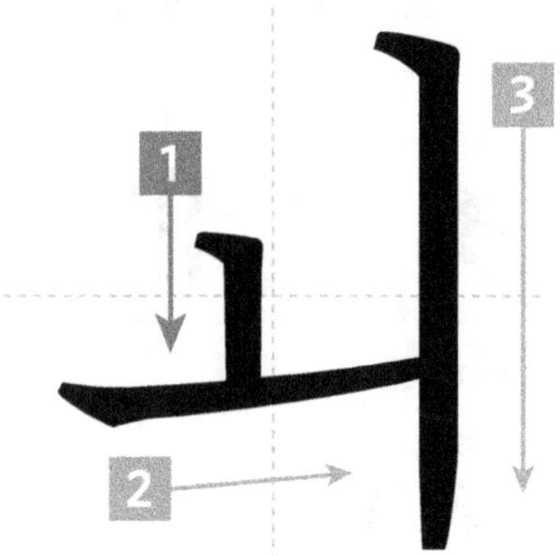

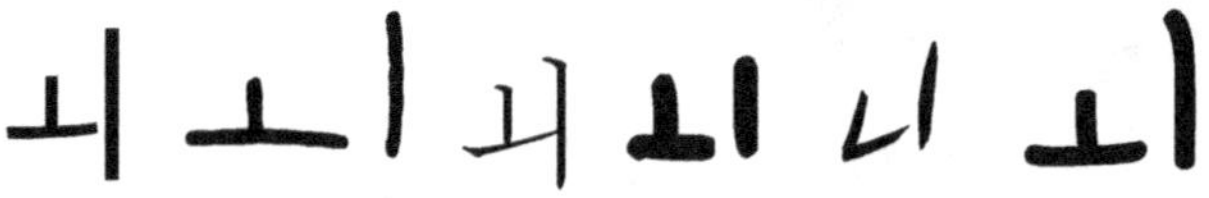

LERNEN

Zeichnen Sie diesen Grundbuchstaben in die Zellen unten ein.

PRAXIS

Üben Sie nun in diesen kleineren Zellen.

BEISPIEL-SILBEN

괴	쾨	뇌	되	퇴	뢰	뫼	뵈	푀	쇠	죄	최	외	회
goe	koe	noe	doe	toe	roe	moe	boe	poe	soe	joe	choe	oe	hoe

NAME	'wa' - *gleich wie der Laut*
SPRECHEN	Ausgesprochen wie **das 'wa' in Taiwan** *Ähnlich wie 'oh-ah', aber als einzelner glatter Klang*
STILE	과 ㅘ ㅘ 와 나 과
SCHREIBEN	Mit vier Strichen gemacht.
IN BETRIEB	**와!** wow! *wa!*　　**과일** Früchte *gwail*　　**사과** Apfel *sagwa*

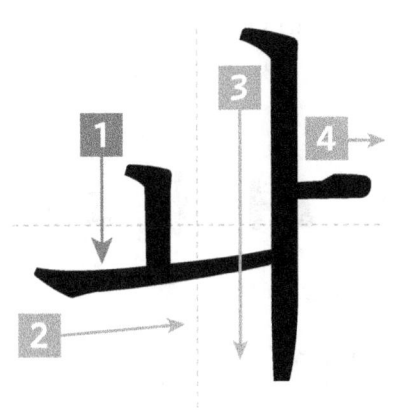

LERNEN

Zeichnen Sie diesen Grundbuchstaben in die Zellen unten ein.

PRAXIS

Üben Sie nun in diesen kleineren Zellen.

BEISPIEL-SILBEN

과	콰	놔	돠	톼	뢔	뫄	봐	퐈	솨	좌	촤	와	화
gwa	kwa	nwa	dwa	twa	rwa	mwa	bwa	pwa	swa	jwa	chwa	wa	hwa

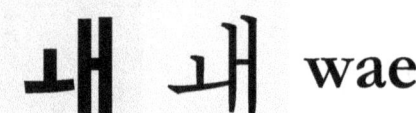 **wae**

NAME	**'wae'** - *gleich wie der Laut*	

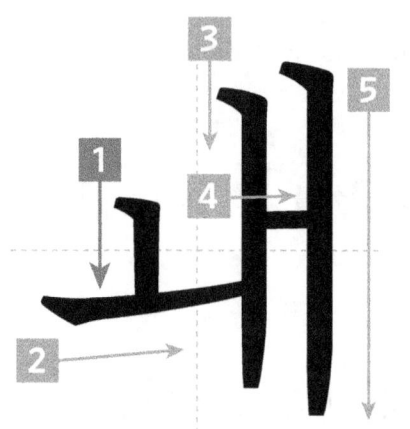

SPRECHEN	Ausgesprochen wie **das 'we' in west**
	Im Wesentlichen 'oh-ae', aber in einem einzigen, weichen Laut ausgesprochen.
STILE	괘 ㅗㅐ 괘 괘 괘 괘
SCHREIBEN	Gezeichnet mit fünf Strichen.
IN BETRIEB	**인쇄** drucken **돼지** Schwein
	inswae *dwaeji*

LERNEN

Zeichnen Sie diesen Grundbuchstaben in die Zellen unten ein.

PRAXIS

Üben Sie nun in diesen kleineren Zellen.

BEISPIEL-SILBEN

괘	쾌	놰	돼	퇘	뢔	뫠	봬	퐤	쇄	좨	쵀	왜	홰
gwae	kwae	nwae	dwae	twae	rwae	mwae	bwae	pwae	swae	jwae	chwae	wae	hwae

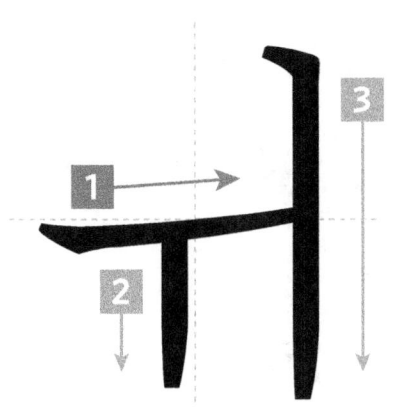

NAME	**'wi'** - *gleich wie der Laut*
SPRECHEN	Ausgesprochen wie **das 'wee' in Weekend** *Klingt wie 'oo-ee', aber in einem einzigen, weichen Laut ausgesprochen.*
STILE	ㅟ ㅟ ㅟ ㅟ ㅟ ㅟ
SCHREIBEN	Mit drei Strichen gemacht.
IN BETRIEB	키위 kiwi 바퀴 Rad 귀걸이 Ohrringe *kiwi* *bakwi* *gwigeoli*

LERNEN

Zeichnen Sie diesen Grundbuchstaben in die Zellen unten ein.

PRAXIS

Üben Sie nun in diesen kleineren Zellen.

BEISPIEL-SILBEN

귀	퀴	뉘	뒤	튀	뤼	뮈	뷔	퓌	쉬	쥐	취	위	휘
gwi	kwi	nwi	dwi	twi	rwi	mwi	bwi	pwi	swi	jwi	chwi	wi	hwi

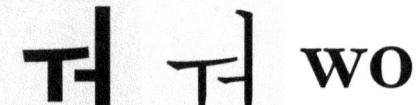 **wo**

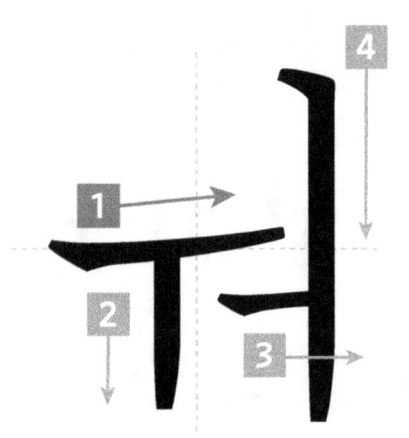

NAME	'wo' - *gleich wie der Laut*
SPRECHEN	Ausgesprochen wie **das 'wo' in Wok, mit einem weichen 'w'**. *Klingt wie 'uh-or', kurz und weich gesprochen.*
STILE	궈 궈 궈 궈 궈 궈
SCHREIBEN	Gezeichnet mit vier Strichen.
IN BETRIEB	소원 Wunsch 법원 gerichtsgebäude *sowon* *beob-won*

LERNEN

Zeichnen Sie diesen Grundbuchstaben in die Zellen unten ein.

PRAXIS

Üben Sie nun in diesen kleineren Zellen.

BEISPIEL-SILBEN

궈	쿼	눠	둬	퉈	뤄	뭐	붜	풔	숴	줘	춰	워	훠
gwo	kwo	nwo	dwo	two	rwo	mwo	bwo	pwo	swo	jwo	chwo	wo	hwo

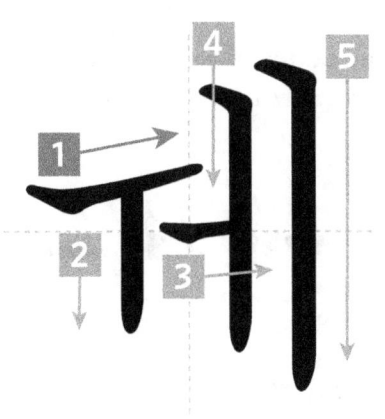

NAME	'we' - *gleich wie der Laut*
SPRECHEN	Ausgesprochen wie **das 'we' in West** *Klingt wie 'o-eh' und ist schwer von* 외 *(oe) zu unterscheiden*
STILE	궤 궤 궤 궤 궤 궤
SCHREIBEN	Gezeichnet mit fünf Strichen.
IN BETRIEB	**웨딩** Hochzeit *wedding* (Besonderheiten in wenigen Worten)

LERNEN

Zeichnen Sie diesen Grundbuchstaben in die Zellen unten ein.

PRAXIS

Üben Sie nun in diesen kleineren Zellen.

BEISPIEL-SILBEN

궤	퀘	눼	뒈	퉤	뤠	뭬	붸	풰	쉐	줴	췌	웨	훼
gwe	kwe	nwe	dwe	twe	rwe	mwe	bwe	pwe	swe	jwe	chwe	we	hwe

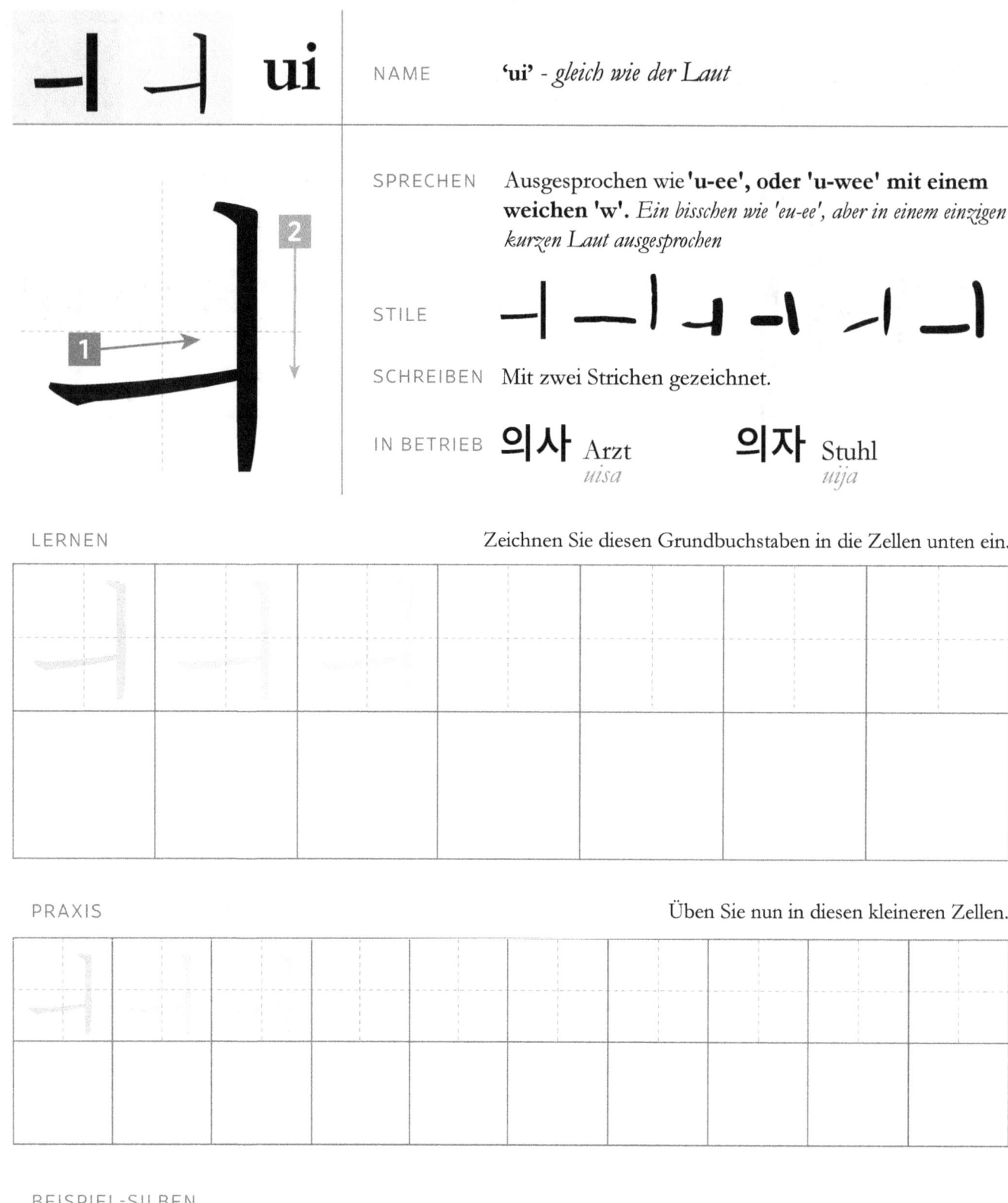

ㅢ ui

NAME 'ui' - gleich wie der Laut

SPRECHEN Ausgesprochen wie **'u-ee', oder 'u-wee' mit einem weichen 'w'**. *Ein bisschen wie 'eu-ee', aber in einem einzigen kurzen Laut ausgesprochen*

STILE ㅢ ㅢ ㅢ ㅢ ㅢ ㅢ

SCHREIBEN Mit zwei Strichen gezeichnet.

IN BETRIEB 의사 Arzt *uisa*   의자 Stuhl *uija*

LERNEN
Zeichnen Sie diesen Grundbuchstaben in die Zellen unten ein.

PRAXIS
Üben Sie nun in diesen kleineren Zellen.

BEISPIEL-SILBEN

귀	퀴	뉘	디	티	리	미	비	피	시	지	치	의	희
gui	kui	nui	dui	tui	rui	mui	bui	pui	sui	jui	chui	ui	hui

| ㄲ ㄲ gg | NAME | 쌍기역 ssang giyeok |

SPRECHEN   Wird wie 'guh' ausgesprochen, ähnlich wie das 'g' in groß
Klingt ähnlich wie giyeok, aber gezwungener und angespannter.

STILE   ㄲ ㄲ ㄲ ㄲ ㄲ ㄲ

SCHREIBEN   Ziehen Sie giyeok zweimal, mit insgesamt zwei Strichen.

IN BETRIEB   **낚시** Angeln   **토끼** Kaninchen
naggsi   *toggi*

LERNEN

Zeichnen Sie diesen Grundbuchstaben in die Zellen unten ein.

PRAXIS

Üben Sie nun in diesen kleineren Zellen.

BEISPIEL-SILBEN

까	꺄	꺼	껴	꼬	꾜	꾸	뀨	끄	끼
gga	ggya	ggeo	ggyeo	ggo	ggyo	ggu	ggyu	ggeu	ggi

Doppelte Konsonanten

 **dd**

NAME	쌍 디귿 *ssang digeut*
SPRECHEN	Wird wie der **"d"-Laut in Dock** ausgesprochen. *Klingt ähnlich wie digeut, aber gezwungener und angespannter.*
STILE	ㄸ ㄸ ㄸ ㄸ ㄸ ㄸ
SCHREIBEN	Ziehen Sie digeut zweimal, mit insgesamt vier Strichen.
IN BETRIEB	머리띠 Kopfband *meoliddi* 뜨거운 heiß *ddeugeoun*

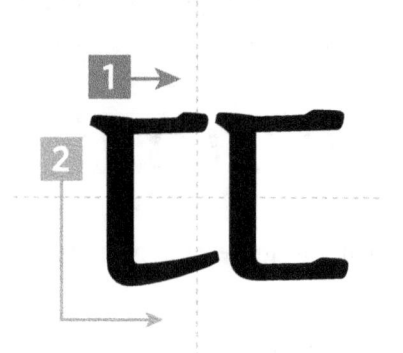

LERNEN
Zeichnen Sie diesen Grundbuchstaben in die Zellen unten ein.

PRAXIS
Üben Sie nun in diesen kleineren Zellen.

BEISPIEL-SILBEN

따	땨	떠	뗘	또	뚀	뚜	뜌	뜨	띠
dda	ddya	ddeo	ddyeo	ddo	ddyo	ddu	ddyu	ddeu	ddi

ㅃ ㅃ bb

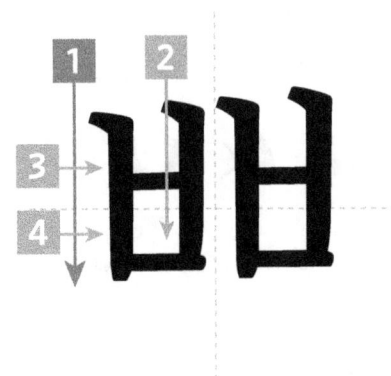

NAME	쌍비읍 **ssang bieup**
SPRECHEN	Wird wie das **'b' in Banane** ausgesprochen. *Klingt ähnlich wie bieup, aber gezwungener und angespannter.*
STILE	ㅃ ㅃ ㅃ ㅃ ㅃ
SCHREIBEN	Ziehen Sie bieup zweimal, mit insgesamt acht Strichen.
IN BETRIEB	빵 Brot *bbang* 빠른 schnell *bbaleun* 바쁜 beschäftigt *babbeun*

LERNEN

Zeichnen Sie diesen Grundbuchstaben in die Zellen unten ein.

PRAXIS

Üben Sie nun in diesen kleineren Zellen.

BEISPIEL-SILBEN

빠	빠	뻐	뼈	뽀	뾰	뿌	쀼	쁘	삐
bba	bba	bbeo	bbyeo	bbo	bbyo	bbu	bbyu	bbeu	bbi

 **SS**

NAME	쌍 시옷 **ssang siot**
SPRECHEN	Wird wie das **"S"-Laut in Stadt** ausgesprochen. *Klingt ähnlich wie siot, aber angespannter.*
STILE	
SCHREIBEN	Ziehen Sie siot zweimal, mit insgesamt vier Strichen.
IN BETRIEB	**비싼** Teuer **싼** Billig *bissan* *ssan*

LERNEN — Zeichnen Sie diesen Grundbuchstaben in die Zellen unten ein.

PRAXIS — Üben Sie nun in diesen kleineren Zellen.

BEISPIEL-SILBEN

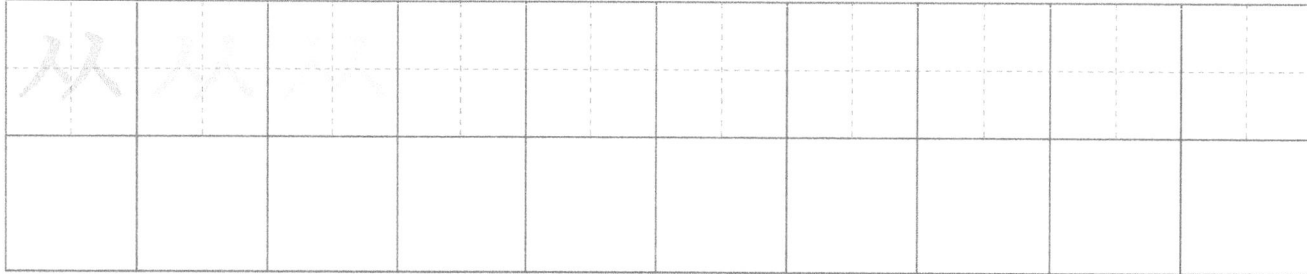

싸	쌰	써	쎠	쏘	쑈	쑤	쓔	쓰	씨
ssa	ssya	sseo	ssyeo	sso	ssyo	ssu	ssyu	sseu	ssi

ㅉ ㅉ jj

NAME	쌍 지읒 **ssang jieut**
SPRECHEN	Wird wie das **"j" in Job** ausgesprochen, mit Kraft am Anfang. *Klingt ähnlich wie ㅈ (jieut), aber angespannter.*
STILE	ㅉ ㅉ ㅉ ㅉ ㅉ ㅉ
SCHREIBEN	Zeichnen Sie jieut zweimal, mit insgesamt vier Strichen.
IN BETRIEB	찌개 Eintopf oder Suppe *jjigae* 짜다 salzig *jjada*

LERNEN

Zeichnen Sie diesen Grundbuchstaben in die Zellen unten ein.

PRAXIS

Üben Sie nun in diesen kleineren Zellen.

BEISPIEL-SILBEN

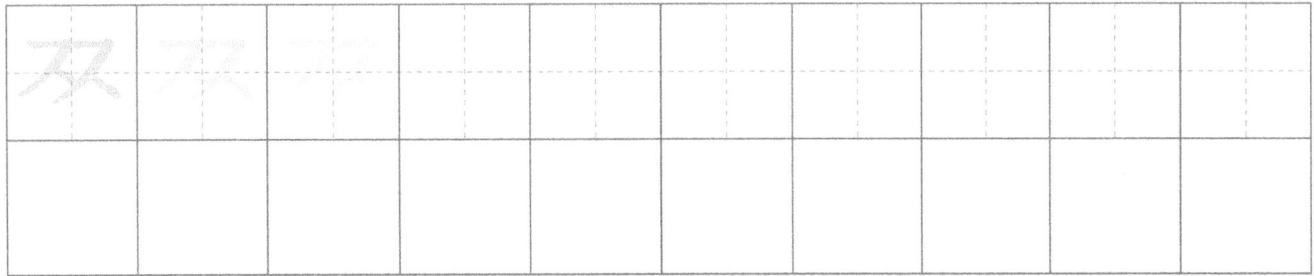

짜	쨔	쩌	쪄	쪼	쬬	쭈	쮸	쯔	찌
jja	jjya	jjeo	jjyeo	jjo	jjyo	jju	jjyu	jjeu	jji

ÜBUNGEN	Kombinieren Sie diese Konsonanten mit Vokal: 애 OH							DEN KLANG BESCHREIBEN
ㄱ								
ㅋ								
ㄴ								
ㄷ								
ㅌ								
ㄹ								

ÜBUNGEN	Kombinieren Sie diese Konsonanten mit Vokal: 애 OH							DEN KLANG BESCHREIBEN
ㅁ								
ㅂ								
ㅍ								
ㅅ								
ㅈ								
ㅊ								

HINWEIS: DIE BEISPIELE DIENEN DER SCHREIBPRAXIS UND SIND MÖGLICHERWEISE NICHT ALLTÄGLICH

ÜBUNGEN　Kombinieren Sie diese Konsonanten mit Vokal: **예 예**　　DEN KLANG BESCHREIBEN

ㄱ									
ㅋ									
ㄴ									
ㄷ									
ㅌ									
ㄹ									

ÜBUNGEN　Kombinieren Sie diese Konsonanten mit Vokal: **예 예**　　DEN KLANG BESCHREIBEN

ㅁ									
ㅂ									
ㅍ									
ㅅ									
ㅈ									
ㅊ									

(Siehe Referenztabellen - Seite 123)

ÜBUNGEN   Kombinieren Sie diese Konsonanten mit Vokal: **외 외**   DEN KLANG BESCHREIBEN

ㄱ							
ㅋ							
ㄴ							
ㄷ							
ㅌ							
ㄹ							

ÜBUNGEN   Kombinieren Sie diese Konsonanten mit Vokal: **와 와**   DEN KLANG BESCHREIBEN

ㅁ							
ㅂ							
ㅍ							
ㅅ							
ㅈ							
ㅊ							

HINWEIS: DIE BEISPIELE DIENEN DER SCHREIBPRAXIS UND SIND MÖGLICHERWEISE NICHT ALLTÄGLICH

ÜBUNGEN   Kombinieren Sie diese Konsonanten mit Vokal: **왜 왜**   DEN KLANG BESCHREIBEN

ㄱ								
ㅋ								
ㄴ								
ㄷ								
ㅌ								
ㄹ								

ÜBUNGEN   Kombinieren Sie diese Konsonanten mit Vokal: **위 위**   DEN KLANG BESCHREIBEN

ㅁ								
ㅂ								
ㅍ								
ㅅ								
ㅈ								
ㅊ								

(Siehe Referenztabellen - Seite 123)

ÜBUNGEN   Kombinieren Sie diese Konsonanten mit Vokal: **워 워**   DEN KLANG BESCHREIBEN

ㄱ								
ㅋ								
ㄴ								
ㄷ								
ㅌ								
ㄹ								

ÜBUNGEN   Kombinieren Sie diese Konsonanten mit Vokal: **웨 웨**   DEN KLANG BESCHREIBEN

ㅁ								
ㅂ								
ㅍ								
ㅅ								
ㅈ								
ㅊ								

HINWEIS: DIE BEISPIELE DIENEN DER SCHREIBPRAXIS UND SIND MÖGLICHERWEISE NICHT ALLTÄGLICH

ÜBUNGEN   Kombinieren Sie diese Konsonanten mit Vokal: **의 의**   DEN KLANG BESCHREIBEN

ㄱ									
ㅋ									
ㄴ									
ㄷ									
ㅌ									
ㄹ									

ÜBUNGEN   Kombinieren Sie diese Vokale mit Konsonant: **ㄲ ㄲ**   DEN KLANG BESCHREIBEN

야									
요									
오									
이									
유									
어									

(Siehe Referenztabellen - Seite 123)

ÜBUNGEN　Kombinieren Sie diese Vokale mit Konsonant: ㄸ ㄸ

DEN KLANG BESCHREIBEN

아							
우							
으							
여							
애							
왜							

ÜBUNGEN　Kombinieren Sie diese Vokale mit Konsonant: ㅃ ㅃ

DEN KLANG BESCHREIBEN

외							
애							
위							
예							
여							
유							

HINWEIS: DIE BEISPIELE DIENEN DER SCHREIBPRAXIS UND SIND MÖGLICHERWEISE NICHT ALLTÄGLICH

ÜBUNGEN	Kombinieren Sie diese Vokale mit Konsonant: ㅆ ㅆ							DEN KLANG BESCHREIBEN
야								
요								
오								
이								
유								
어								

ÜBUNGEN	Kombinieren Sie diese Vokale mit Konsonant: ㅉ ㅉ							DEN KLANG BESCHREIBEN
위								
야								
유								
왜								
여								
의								

(Siehe Referenztabellen - Seite 123)

SCHNELLES QUIZ! B

Stellen wir Ihr Gedächtnis auf die Probe!

1 ㅖ Dieser Brief klingt wie _____?
- A. das 'e' in Test
- B. das 'wo' in Wok
- C. das 'ya' in Yard
- D. das 'ye' in yes

6  Wie viele Striche braucht man, um dieses Zeichen zu zeichnen?
Können Sie die Reihenfolge auf dem Bild einzeichnen?
- A. 6   B. 8
- C. 10 D. 12

2 Wie viele Diphthonge gibt es in Hangul?
- A. 10   B. 11
- C. 12   D. 13

7 ____ als "ae"-Laut ausgesprochen wird?
- A. ㅖ   B. ㅒ
- C. ㅐ   D. ㅔ

3 Welche dieser Silbenblöcke sind falsch?

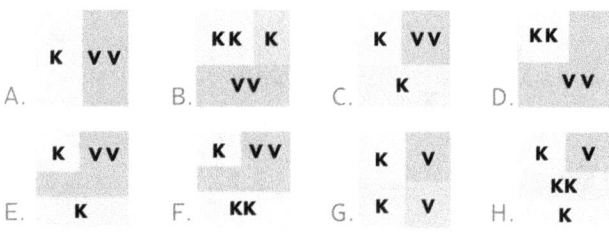

8 Welcher dieser Doppelkonsonanten-Buchstaben klingt wie das "b" in Banane?

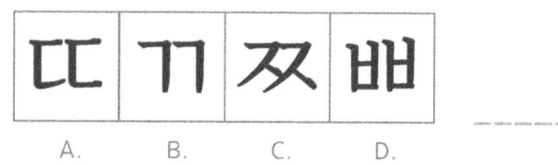

A.   B.   C.   D.

4 Wählen Sie die richtige Schreibweise für die **Kiwi-Frucht**:
- A. 그외   B. 지위
- C. 키위   D. 끼외

9 Können Sie herausfinden, was ein **컴퓨터** ist?
- A. Comedian   B. Trostspender
- C. Computer   D. Firma

5  Dieser Brief klingt wie _____?
- A. das 'wee' in Weekend
- B. das 'wa' in Taiwan
- C. das 'wo' in Wok
- D. das 'we' in West

10 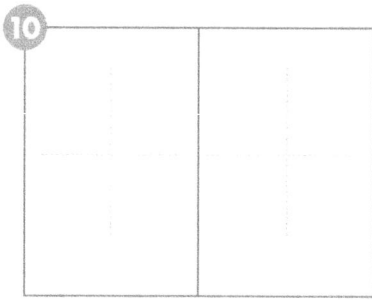 Können Sie **Hangeul** schreiben?

(Siehe Antworten - Seite 128)

Teil 5

KOMPLEXE & FINALE KONSONANTEN

받침

'FINALE' KONSONANTEN

Wir haben die 받침 **batchim** *(Endkonsonanten)* bereits kurz angesprochen, als wir uns angesehen haben, wie wir Silben bilden. Sie sind einfach Konsonanten, die eine alternative Aussprache haben, wenn sie am Ende einer Silbe stehen. Jede Silbe, die mindestens 3 Buchstaben hat, kann 받침 ahaben und sie können entweder einzelne oder doppelte Buchstaben sein.

Da es sich bei 받침 um eine Besonderheit der koreanischen Sprache handelt, ist es nicht verwunderlich, dass es für Anfänger oft eines der schwierigeren Konzepte ist, es zu verstehen. Wir werden in diesem Kapitel versuchen, die Dinge zu vereinfachen.

BATCHIM & GYEOBBATCHIM

Einzelbuchstaben 받침 sehen genauso aus wie normale Konsonanten, haben aber die veränderte Aussprache. Zwei Konsonanten, die den unteren Platz in einer Silbe einnehmen, heißen **gyeobbatchim** 겹받침 *(doppelte Endkonsonanten)*.

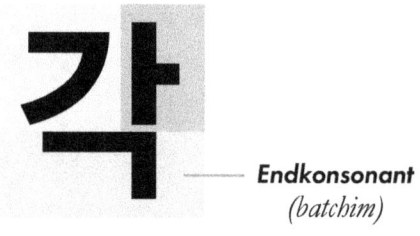

Endkonsonant *(batchim)*

Die 겹받침 sind **11** neue Kombinationskonsonanten zu lernen, die wieder mit den Grundbuchstaben gebildet werden: ㄳ ㄵ ㄶ ㄺ ㄻ ㄼ ㄽ ㄾ ㄿ ㅀ und ㅄ. Im Gegensatz zu den doppelten "passenden" Konsonanten, die wir bereits kennengelernt haben, werden diese Buchstaben nur am Ende einer Silbe verwendet und nirgendwo sonst.

Doppelter-Endkonsonant *(gyeobbatchim)*

Um die Dinge einfach zu halten, ist der einfachste Weg, 받침 erklären, dass sie dass sie alle auf eine von sieben Arten ausgesprochen werden - mit den Lauten, die mit sieben der Hangul-Grundkonsonanten: ㄱ ㄴ ㄷ ㄹ ㅁ ㅂ and ㅇ (siehe Tabelle auf Seite 99).

WICHTIGER TIPP!

Die Art und Weise, wie wir die finalen Konsonantenlaute aussprechen, erfordert besondere Aufmerksamkeit und Übung. In unserer eigenen Sprache werden Konsonanten wie das "-p" in "Stopp" normalerweise am Ende eines Wortes mit einem kleinen Luftstoß aus dem Mund **aspiriert.** 받침-Buchstaben werden im Koreanischen nicht auf diese Weise ausgestoßen - *üben Sie, diesen Luftstoß zu unterdrücken, um eine genauere 받침-Aussprache zu erreichen.*

Die komplexen Konsonanten von 겹받침 enthalten zwei Buchstaben, aber wir sprechen normalerweise nur einen davon aus - es hängt davon ab, ob die Silbe mit einer anderen verbunden ist oder nicht, und ob diese nächste Silbe mit einem Vokal oder Konsonanten beginnt.

Wenn ein Wort endet oder eine Silbe folgt, die mit einem Konsonanten beginnt, sprechen Sie bei den Buchstaben ㄳ ㄵ ㄶ ㄼ ㄽ ㄾ ㅀ und ㅄ nur den ersten Laut aus. Stattdessen nehmen wir für die restlichen Buchstaben ㄺ ㄻ und ㄿ nur den zweiten Laut. Es wird einfacher sein, sich die drei zu merken, für die wir den zweiten Konsonanten aussprechen, anstatt sie alle auswendig zu lernen!

Eine andere Regel gilt für alle einfachen und doppelten 받침, auf die ein angrenzender, initialer Vokal folgt. Klänge werden von einer Silbe zur nächsten übertragen, wodurch ein weicherer Klang entsteht und die Aussprache erleichtert wird. *Keine Sorge - wir werden später mehr darüber lernen!*

Dies ist die allerletzte Gruppe von Buchstaben, die wir lernen müssen:

ㄳ ㄳ k		
	SPRECHEN	Sprechen Sie den **ersten** Buchstaben aus, mit dem Endlaut ㄱ
ㄳ	STILE	ㄳ ㄳ ㄳ ㄳ ㄳ ㄳ
	SCHREIBEN	Zeichnen Sie **giyeok + siot** mit insgesamt 3 Strichen.
	IN BETRIEB	삯 Lohn, Gebühr *sags* 몫 Anteil, Portion *mogs*

PRAXIS — Zeichnen Sie diesen Grundbuchstaben in die Zellen unten ein.

ㄵ ㄵ n	SPRECHEN	Sprechen Sie den **ersten** Buchstaben aus, mit dem Endlaut ㄴ
	STILE	ㄵ ㄴㅈ ㄵ ㄵ ㄴㅈ ㄴㅈ
ㄴㅈ	SCHREIBEN	Zeichnen Sie **nieun + jieut** mit insgesamt 4 Strichen.
	IN BETRIEB	앉다 *anjda* 앉으세요 *anjeuseyo* zum Sitzen bitte setzen Sie sich

PRAXIS   Zeichnen Sie diesen Grundbuchstaben in die Zellen unten ein.

ㄵ ㄵ ㄵ								

ㄶ ㄶ n	SPRECHEN	Sprechen Sie den **ersten** Buchstaben aus, mit dem Endlaut ㄴ
	STILE	ㄶ ㄴㅎ ㄶ ㄶ ㄴㅎ ㄴㅎ
ㄴㅎ	SCHREIBEN	Zeichnen Sie **nieun + hieut** mit insgesamt 4 Strichen.
	IN BETRIEB	많다 viele *manhda*

PRAXIS   Zeichnen Sie diesen Grundbuchstaben in die Zellen unten ein.

ㄶ ㄶ ㄶ								

ㄹㄱ k

SPRECHEN — Sprechen Sie den **zweiten** Buchstaben aus, mit dem Endlaut ㄱ

STILE — ㄹㄱ ㄹㄱ ㄹㄱ ㄹㄱ ㄹㄱ ㄹㄱ

SCHREIBEN — Zeichnen Sie **rieul + giyeok** mit insgesamt 4 Strichen.

IN BETRIEB — 읽다 zum Lesen *ilgda* 닭이 Hühner *dalgi*

PRAXIS — Zeichnen Sie diesen Grundbuchstaben in die Zellen unten ein.

ㄹㅁ m

SPRECHEN — Sprechen Sie den **zweiten** Buchstaben aus, mit dem Endlaut ㅁ

STILE — ㄹㅁ ㄹㅁ ㄹㅁ ㄹㅁ ㄹㅁ ㄹㅁ

SCHREIBEN — Zeichnen **Sie rieul + mieum** mit insgesamt 6 Strichen.

IN BETRIEB — 삶 Leben *salm* 젊다 jung sein *jeolmda*

PRAXIS — Zeichnen Sie diesen Grundbuchstaben in die Zellen unten ein.

래 1

SPRECHEN	Sprechen Sie den **ersten** Buchstaben aus, mit dem Endlaut ㄹ
STILE	래 ㄹㅂ 래 ㄹㅂ ㄹㅂ ㄹㅂ
SCHREIBEN	Zeichnen Sie **rieul + bieup** mit insgesamt 7 Strichen.
IN BETRIEB	**짧은** Kurz *jjalbeun* — **넓다** breit, geräumig sein *neolbda*

PRAXIS — Zeichnen Sie diesen Grundbuchstaben in die Zellen unten ein.

랏 1

SPRECHEN	Sprechen Sie den **ersten** Buchstaben aus, mit dem Endlaut ㄹ
STILE	랏 ㄹㅅ 랏 ㄹㅅ ㄹㅅ ㄹㅅ
SCHREIBEN	Zeichnen Sie **rieul + siot** mit insgesamt 5 Strichen.
IN BETRIEB	**외곬** außen *oegols*

PRAXIS — Zeichnen Sie diesen Grundbuchstaben in die Zellen unten ein.

ㄹㅌ ㄹㅌ 1	SPRECHEN	Sprechen Sie den **ersten** Buchstaben aus, mit dem Endlaut ㄹ
	STILE	ㄹㅌ ㄹㅌ ㄹㅌ ㄹㅌ ㄹㅌ ㄹㅌ
ㄹㅌ	SCHREIBEN	Zeichnen Sie **rieul + tieut** mit insgesamt 6 Strichen.
	IN BETRIEB	핥다 zu lecken *haltda*

PRAXIS — Zeichnen Sie diesen Grundbuchstaben in die Zellen unten ein.

ㄹㅌ	ㄹㅌ	ㄹㅌ						

ㄹㅍ ㄹㅍ p	SPRECHEN	Sprechen Sie den **zweiten** Buchstaben aus, mit dem Endlaut ㅂ
	STILE	ㄹㅍ ㄹㅍ ㄹㅍ ㄹㅍ ㄹㅍ ㄹㅍ
ㄹㅍ	SCHREIBEN	Zeichnen Sie **rieul + pieup** mit insgesamt 7 Strichen.
	IN BETRIEB	읊다 zu rezitieren *eulpda*

PRAXIS — Zeichnen Sie diesen Grundbuchstaben in die Zellen unten ein.

ㄹㅍ	ㄹㅍ	ㄹㅍ						

ㅀ ㅀ 1	SPRECHEN	Sprechen Sie den **ersten** Buchstaben aus, mit dem Endlaut ㄹ
	STILE	ㅀ ㄹㅎ ㅀ ㅀ ㅀ ㅀ
ㅀ	SCHREIBEN	Zeichnen Sie **rieul + hieut** mit insgesamt 6 Strichen.
	IN BETRIEB	끓다 zum Sieden (einer Flüssigkeit) *kkeulhda* 잃다 zu verlieren *ilhda*

PRAXIS   Zeichnen Sie diesen Grundbuchstaben in die Zellen unten ein.

ㅄ ㅄ p	SPRECHEN	Sprechen Sie den **ersten** Buchstaben aus, mit dem Endlaut ㅂ
	STILE	ㅄ ㅄ ㅄ ㅄ ㅄ ㅄ
ㅄ	SCHREIBEN	Zeichnen Sie **bieup + siot** mit insgesamt 6 Strichen.
	IN BETRIEB	값을 Preis *gabseul* 없다 nicht existieren, nicht haben *eobsda*

PRAXIS   Zeichnen Sie diesen Grundbuchstaben in die Zellen unten ein.

ÜBUNGEN Bilden Sie Silbenblöcke mit den Buchstaben in der linken Spalte | DEN KLANG BESCHREIBEN

| ㄱ + 아 + ㄳ |
| ㅁ + 요 + ㄵ |
| ㅂ + 우 + ㄶ |
| ㄲ + 이 + ㄺ |
| ㅍ + 애 + ㄻ |
| ㅅ + 에 + ㄼ |
| ㅈ + 야 + ㄽ |
| ㅃ + 어 + ㄾ |
| ㅊ + 유 + ㄿ |
| ㅌ + 여 + ㅀ |
| ㄹ + 오 + ㅄ |
| ㄷ + 애 + ㄵ |
| ㅋ + 으 + ㄻ |
| ㅆ + 우 + ㄾ |

(Siehe Antworten - Seite 127)

ÜBUNGEN   Bilden Sie Silbenblöcke mit den Buchstaben in der linken Spalte

DEN KLANG BESCHREIBEN

프 + 야 + ᆵ							
브 + 애 + ᆲ							
ㄹ + 와 + ᆬ							
ㅈ + 유 + ᆴ							
ㅃ + 야 + ᆵ							
ㄴ + 왜 + ㄲ							
ㅎ + 오 + ᄚ							
브 + 이 + ᄡ							
ㅁ + 위 + ᆪ							
ㄸ + 아 + ᆲ							
ㅅ + 우 + ᆴ							
ㄴ + 워 + ᆬ							
ㅉ + 왜 + ᄛ							
ㄷ + 예 + ᆰ							

HINWEIS: DIE BEISPIELE DIENEN DER SCHREIBPRAXIS UND SIND MÖGLICHERWEISE NICHT ALLTÄGLICH

ÜBUNGEN	Bilden Sie Silbenblöcke mit den Buchstaben in der linken Spalte						DEN KLANG BESCHREIBEN
ㄱ + 예 + ㄿ							
ㄲ + 와 + ㄺ							
ㅁ + 으 + ㄲ							
ㅋ + 야 + ㄽ							
ㅈ + 애 + ㄸ							
ㅃ + 요 + ㄿ							
ㅊ + 아 + ㄶ							
ㅌ + 유 + ㄸ							
ㅂ + 왜 + ㅄ							
ㅍ + 오 + ㄵ							
ㄹ + 의 + ㄶ							
ㄷ + 이 + ㄻ							
ㅋ + 애 + ㄿ							
ㅎ + 요 + ㄳ							

(Siehe Antworten - Seite 127)

SCHNELLES QUIZ! C   *Stellen wir Ihr Gedächtnis auf die Probe!*

1  Welchen Klang hat das ㄵ?
- A. Wie 'n' in Ton
- B. Wie 'k' in Dock
- C. Wie 't' in Zeit
- D. Wie 's' in Snow

6  Welchen Klang hat das ㄺ?
- A. Wie 'ng' in Klang
- B. Wie 'k' in Dock
- C. Wie 'l' in Engel
- D. Wie 'r' in runde

2 Wie viele 겹받침-Zeichen gibt es?
- A. 7   B. 9
- C. 11   D. 13

7 Die korrekte Aussprache von 맑게 ist:
- A. [말께]   B. [마께]
- C. [말게]   D. [마게]

3 Für welches 겹받침 sprechen wir den **zweiten** Buchstaben am Ende eines Wortes aus?

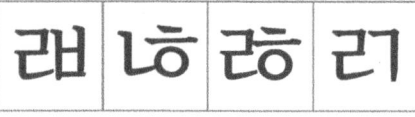

A.   B.   C.   D.

8 Gefolgt von einer Silbe mit einem Anfangsvokal, der wie das 'k' in Dock klingt?

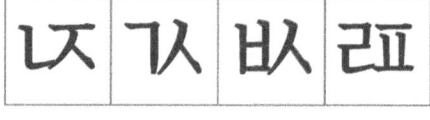

A.   B.   C.   D.

4 Es gibt ___ vereinfachte 받침-Laute?
- A. 8   B. 7
- C. 6   D. 5

9 Die korrekte Aussprache von 값을 ist:
- A. [갓블]   B. [가블]
- C. [가쁠]   D. [갑슬]

5 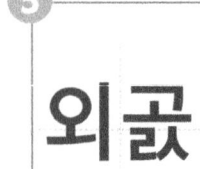 Welchen Klang hat das ㄹ?
- A. Wie 'm' in Team
- B. Wie 'n' in Ton
- C. Wie 'l' in Engel
- D. Kein Laut

10 삶에 Welchen Klang hat das ㄹ?
- A. Wie 'm' in Team
- B. Wie 'n' in Ton
- C. Wie 'l' in Engel
- D. Kein Laut

(Siehe Antworten - Seite 128)

Teil 6

LAUTÄNDERUNGEN & REGELN

LAUTÄNDERUNGSREGELN

Koreanische Wörter bestehen in der Regel aus mehr als einem Silbenblock und Sätze enthalten natürlich viel mehr. Wenn wir beginnen, Silben miteinander zu verbinden, erzeugen bestimmte Buchstabenkombinationen unterschiedliche Klänge, wenn wir versuchen, sie zu artikulieren - das passiert, wenn unsere Artikulation sich beschleunigt, um Konversation zu machen. Dies geschieht in unserer Muttersprache regelmäßig und ohne Nachdenken, ist aber etwas, das wir bei einer neuen Sprache und anderen Laut- oder Buchstabenkombinationen lernen müssen.

Damit sich die alltägliche Sprache natürlicher anfühlt und unsere Aussprache generell leichter wird, gibt es eine **Reihe von Lautänderungsregeln**, die wir kennenlernen müssen. Die Regeln beschreiben die Veränderungen, die dort stattfinden, wo diese bestimmten Buchstaben- und Silbenkombinationen aufeinandertreffen und geschriebene Wörter anders geschrieben werden, als sie in Sprache und Gespräch klingen.

In diesem Kapitel werden wir uns mit einer Reihe von Lautänderungsregeln beschäftigen, die für Anfänger vielleicht nicht ganz relevant sind. Diese Informationen werden Ihnen viel intensiver vorkommen als in den vorherigen Kapiteln, in denen wir einfach das Hangul-Alphabet gelernt haben. Setzen Sie ein Lesezeichen für diese Seiten, um zu ihnen zurückzukehren, wenn Sie auf verwirrende Aussprachen stoßen.

Die schlechte Nachricht für Anfänger ist, dass diese Regeln einfach auswendig gelernt werden müssen. Sie mögen zunächst zahlreich und überwältigend erscheinen, aber wenn Sie verstehen, wo sie verwendet werden, und sie sogar in die Praxis umsetzen, werden Sie feststellen, dass sie Ihnen helfen werden, Koreanisch natürlicher auszusprechen - sie können sogar dabei helfen, einen muttersprachlichen Akzent zu entwickeln!

BUCHSTABE VS. PRONUNKTIERUNG

약 & 약 = *gleiche Aussprache* | 짚 & 집 = *gleiche Aussprache*

Wer Deutsch als Fremdsprache lernt, stößt bei Wörtern, die wir jeden Tag benutzen, auf Lautveränderungen von der Schreibweise bis zur Aussprache. Nehmen Sie *"bunt"* und *"Bund"* - gleich ausgesprochen, aber deutlich unterschiedliche Wörter. Wir unterscheiden sie durch die Schreibweise oder durch den Kontext, in dem sie gesagt werden. Die Schreibweise muss beibehalten werden, damit wir den Ursprung des Wortes und die tiefere Bedeutung dahinter verstehen können.

ASSIMILATION

Hier interagiert ein Endkonsonant einer Silbe mit dem Anfangsbuchstaben der nächsten Silbe und verändert so den Klang einer oder beider Silben. Isoliert betrachtet verhalten sich Silben und Buchstaben genau so, wie Sie es erwarten, mit den Klängen, die Sie gelernt haben und für die jeder Hangul-Buchstabe steht. Erst wenn sie zusammen in Wörtern in normaler Geschwindigkeit gesprochen werden, assimilieren sich die Klänge.

Einige der Regeln sind recht breit gefächert, während andere sehr spezifisch sein können - sie schreiben sogar vor, wie ein einzelner Buchstabe in einem ganz bestimmten Szenario ausgesprochen werden soll. Als Beispiel ist hier die erste der vielen Lautänderungsregeln, die wir uns in diesem Kapitel gemeinsam ansehen werden:

$$ㄴ+ㄹ \;/\; ㄹ+ㄴ = ㄹ+ㄹ$$

연락 → 열락

잘난 → 잘란

Rechtschreibung   Aussprache

① Wenn die Buchstaben ㄴ und ㄹ zwischen Silben aufeinandertreffen, sprechen wir das ㄴ als ㄹ aus.** Laut aus, wodurch ein **doppelter L-Laut** *(oder '-ll')* entsteht. Dies geschieht in beide Richtungen:

---

② Wenn dagegen zwei der Buchstaben ㄹ zwischen Silben aufeinandertreffen, sprechen wir sie immer als einen einzigen **L-Laut** aus.

**Ausnahmen gelten zwar, aber sie sprengen den Rahmen eines Einsteigerbuchs wie diesem. Zum Beispiel, wenn wir ein Zeichen zu einem bestehenden Wort hinzufügen und ㄴ+ㄹ zu ㄴ+ㄴ wird.

Ein Beispiel für die Assimilation mit einem deutschen Wort könnte "Handtasche" sein - sagen Sie es laut zu sich selbst in einem Satz wie: *'Reichen Sie mir bitte die Handtasche'*. In der Umgangssprache würden wir selten jeden Buchstaben artikulieren, daher klingt es wahrscheinlich eher nach *'Ham--tasche'* als nach *'Hand---Tasche'*. Die Aussprache bestimmter Buchstabenkombinationen wird einfacher, weil wir ihre Laute beim schnelleren Sprechen zusammenführen.

RE-SILBIFIZIERUNG

Die **Re-Silbifizierung** ist eine Form der Assimilation, die im Koreanischen häufig vorkommt und die Art und Weise verändert, wie buchstabierte Wörter klingen, wenn bestimmte Buchstaben aufeinander treffen und zusammenwirken. Diese Regeln werden allgemein angewendet, es sei denn, es wird eine Ausnahme vermerkt:

1 Wenn Silben mit 받침 von einer Silbe gefolgt werden, die mit einem Vokallaut beginnt, **übertragen wir den abschließenden Konsonantenlaut.**

Ausnahmen: Silben, die mit ㅇ (ng) enden, werden nicht verändert oder übertragen. Wenn eine Silbe mit dem Buchstaben ㅎ endet, wird das '-h' abgeschwächt oder entfällt praktisch *.

Wenn man bedenkt, dass Silbenblöcke, die mit einem Vokal beginnen, das ㅇ vorne haben, wird im Endeffekt das ㅇ ersetzt. Als erstes werden wir das koreanische Wort für Musik untersuchen:

| Hat Endkonsonant | 음악 | Beginnt mit einem Vokal | 음악 ↗ | [으막] Ausgesprochen |

옷을 → 오슬   책을 → 채글

앞이 → 아피   질문이 → 질무니

꽃을 → 꼬츨   알았어요 → 아라써요

*Wir lassen zwar die ㅎ Laute zwischen den Silben weg, aber wenn der Buchstabe ㅎ auf bestimmte Konsonanten trifft, kann er trotzdem einen Einfluss auf die Art und Weise haben, wie wir die folgenden Konsonanten aussprechen, indem er sie verstärkt oder aspiriert - dazu gleich mehr!

Lautänderungen

겹받침 folgen einigen ihrer eigenen speziellen Regeln. Nicht alles davon wird für den Anfänger sofort relevant sein, und die komplexeren Regeln werden mit der Zeit aufgegriffen. Es ist wichtig, dass Sie sie zumindest für den Moment kennen.

Im Allgemeinen sollte nur einer der beiden Buchstaben in 겹받침 zu hören sein, wenn Silben mit 4 Buchstaben ausgesprochen werden. Dies ist normalerweise der erste der beiden Konsonanten und gilt am meisten, wenn wir die Silbe isoliert dargestellt sehen. Hier sind die anderen Grundregeln:

② Wenn doppelte 받침 von Silben gefolgt werden, die mit einem Vokal beginnen, werden **beide** Konsonanten ausgesprochen - der Doppelbuchstabe wird geteilt und wir tragen den Klang des 2.

Rechtschreibung   Aussprache

읽어 → 일거

BEDEUTUNG: *lesen*

값을 → 갑슬

BEDEUTUNG: *Preis, Kosten*

삶에 → 살메

BEDEUTUNG: *Leben, Wohnen*

③ Wenn 겹받침 von einer Silbe gefolgt wird, die mit einem Konsonanten beginnt, oder es die letzte Silbe in einem Wort, dann sprechen wir **nur einen der beiden** Konsonanten aus.

Bei ㄺ, ㄻ, und ㄿ, sprechen wir in der Regel den zweiten Konsonanten aus - bei allen anderen doppelten Endkonsonanten sprechen wir den Laut aus dem ersten der Kleinbuchstaben aus

Ausnahmen: Wenn ㄺ von ㄱ als Anfangskonsonant gefolgt wird, sprechen wir das ㄹ stattdessen aus.

넋 → 넉   값 → 갑   삶 → 삼

Denken Sie daran, dass diese Regeln nur für die Aussprache von Silben und Wörtern gelten. Die Schreibweise ändert sich nie - nur die Art und Weise, wie wir bestimmte Buchstabenkombinationen in bestimmten Positionen aussprechen.

NASALISIERUNG

Eine weitere Assimilationsregel, die speziell für Buchstabenkombinationen gilt, die mit einem Nasallaut ausgesprochen werden. Alle Konsonanten, auf die Buchstaben mit den nasalen Lauten ㄴ und ㅁ *('-n' und -m' Laute)* folgen, werden ebenfalls in mehr nasale Laute umgewandelt.

Wir haben eine Tabelle *(unten)* erstellt, in der die verschiedenen Klangänderungen zusammengefasst sind. Einige Beispiele sollen Ihnen helfen, die Klangänderungen zu erkennen, aber Übung macht den Meister:

Endkonsonant wie buchstabiert/geschrieben:	Gefolgt von einem Buchstaben:	Assimilierter Laut, Batchim zu Nasal	Aussprachewechsel mit Beispielwort
ㄱ ㅋ ㄲ	+ ㄴ	ㄱ → ㅇ	죽는 → 중는
ㄱ	+ ㅁ	ㄱ → ㅇ	국물 → 궁물
ㅂ ㅍ	+ ㄴ	ㅂ → ㅁ	밥맛 → 밤맛
ㅂ ㅍ	+ ㅁ	ㅂ → ㅁ	앞문 → 암문
ㄷ ㅌ ㅈ ㅊ ㅅ ㅆ ㅎ	+ ㄴ + ㅁ	ㄷ → ㄴ	몇년 → 면년 있는 → 민는 듣는 → 든는

Da dies bei englischen Wörtern selbstverständlich ist, vergisst man solche Regeln leicht, wenn man eine neue Sprache lernt - stattdessen spricht man Silben mit exakter Phonetik für jeden Buchstaben aus. Ohne die Anwendung der oben genannten Regeln könnte die koreanische Aussprache, die Sie entwickeln, unbeholfen und ziemlich weit von der Muttersprache entfernt sein - *es lohnt sich also auf jeden Fall, sie richtig auswendig zu lernen!*

Lautänderungen

PALATALISIERUNG

Hier wird bei der Aussprache bestimmter Buchstabenkombinationen ein völlig neuer Klang erzeugt. Es ist ein weiterer Lautwechsel, der schwierig zu erklären sein kann, aber auch relativ selten in alltäglichen koreanischen Gesprächen und Sprache vorkommt.

Solche Lautveränderungen treten ganz natürlich auf, wenn wir versuchen, die einzelnen Laute in schneller Folge richtig zu artikulieren - *vielleicht finden Sie das ja auch bei Ihrem Koreanisch!*

Überlegen Sie, wie gleichwertige Buchstaben in Ihrer eigenen Sprache den Klang dieser Beispiele verändern:

① ㄷ + 이 → 지

Wenn der Endkonsonant ㄷ auf 이 trifft, wird daraus ein ㅈ-Laut. Der stumme Vokalplatzhalter wird ersetzt, wodurch ein 지-Laut entsteht.

굳이 → 구지
해돋이 → 해도지

② ㅌ + 이 → 치

Wenn der Endkonsonant ㅌ auf 이 trifft, ändert er sich in einen ㅊ-Laut. Das ㅇ wird wiederum effektiv ersetzt, so dass insgesamt ein 치-Laut entsteht.

같이 → 가치
밭이 → 바치

③ ㄷ + 히 → 치

Ein weiterer 치-Laut entsteht, wenn ㄷ auf 히 trifft, nur ist es diesmal ein Konsonant ㅎ, den wir fallen lassen, um den neuen Klang zu erzeugen.

묻히 → 무치
닫히다 → 다치다

LAUTÄNDERUNGEN MIT ㅎ

Der Buchstabe ㅎ ist geschwächt und oft unhörbar *(besonders für Nicht-Muttersprachler)*, wenn er zwischen Vokalen oder nach stimmhaften, nasalen Konsonanten ㄴ, ㄹ, ㅁ und ㅇ steht. Aus diesem Grund wird er *fälschlicherweise* als "stummer" Buchstabe bezeichnet - er scheint zwar beim Sprechen der Koreaner ganz weggelassen zu werden, aber wenn die Aussprache verlangsamt wird, kann man ihn hören - er ist nur sehr schwach.

좋아요 → 조아요
(bedeutet - ist gut)

공부하다 → 공부아다
(bedeutet - zu studieren)

Fortgeschrittene: Als die am häufigsten verwendete Verbform werden Sie Wörter mit 하다 recht häufig sehen. Es ist unüblich, dies so auszusprechen, wie es sich liest, sondern klingt eher wie 아다.

ANSAUGEN

Wenn die Konsonanten ㄱ, ㄷ, ㅂ und ㅈ auf den Buchstaben ㅎ treffen, nehmen sie davor und danach ihre viel stärkeren, aspirierten Laute an (ㅋ, ㅌ, ㅍ bzw. ㅊ). Ein zusätzlicher Luftstoß ist erforderlich, um aspirierte Konsonanten auszusprechen, und in Kombination mit ㅎ *(selbst ein aspirierter Konsonant)* erhalten wir die zusätzliche Kraft, die erforderlich ist, um diesen Klang zu erzeugen:

①
ㅎ + ㄱ → ㅋ
ㅎ + ㄷ → ㅌ
ㅎ + ㅂ → ㅍ
ㅎ + ㅈ → ㅊ

②
ㄱ + ㅎ → ㅋ
ㄷ + ㅎ → ㅌ
ㅂ + ㅎ → ㅍ
ㅈ + ㅎ → ㅊ

Beispiele:

좋고 → 조코
닿다 → 다타
좋지 → 조치
어떻게 → 어떠케
국화 → 구콰
집회 → 지푀
맞히다 → 마치다

'INTENSIVIERUNG' & 'VERSTÄRKUNG'

Wenn Konsonanten nebeneinander geschrieben werden, können sie oft interagieren, um Veränderungen zu verursachen, die die Gesamtaussprache erleichtern. Dieses Regelwerk bezieht sich auf eine Reihe von phonetischen Veränderungen mit vielen Konsistenzen und vielen Ausnahmen. Das macht es nicht nur schwer, es vollständig zu beschreiben, sondern, wie Sie sich vorstellen können, auch unglaublich schwer zu begreifen, wenn Sie versuchen, Koreanisch zu lernen!

Was die Sache noch kniffliger macht, ist die Tatsache, dass die meisten koreanischen Muttersprachler nicht lernen würden, nach solchen Regeln zu sprechen - stattdessen würden sie sie einfach auf eine organischere Weise übernehmen. *Schon verwirrt?*

Grundsätzlich gilt: Wenn eine Silbe mit bestimmten Konsonanten endet und eine angrenzende Silbe entweder mit ㄱ,ㄷ,ㅂ,ㅅ, oder ㅈ beginnt, verdoppelt sich deren Lautstärke = ㄲ,ㄸ,ㅃ,ㅆ,ㅉ.

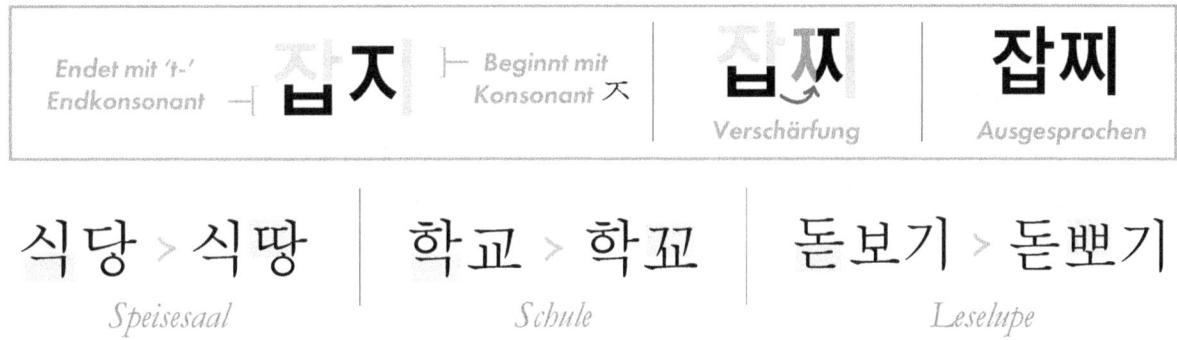

Um 받침-Laute wie ㅂ am Ende eines Wortes oder einer isolierten Silbe zu verkürzen, unterdrücken wir unterdrücken wir das Ausstoßen von Luft, das normalerweise auf diese Art von Buchstaben folgt - die Aspiration. Um das zu veranschaulichen, halten Sie Ihre Hand vor Ihr Gesicht und sagen Sie die Wörter "Teer" und "Steer" - haben Sie einen kleinen Luftstoß vom "t-" in "Teer" gespürt, aber nicht von dem in "Steer"?

Wenn wir auf einen dieser verstärkenden Konsonanten treffen, können wir jede aufgebaute Kraft aus der Unterdrückung der Aspiration in 받침 umwandeln, um den Klang des folgenden Buchstabens zu verstärken. Er wird zu einer kürzeren, höher gestimmten Version, mit einem explosiven Luftstoß.

Hinweis: Der Endkonsonant ㅎ verstärkt nur ein anfängliches ㅅ und macht es zu einem ㅆ-Laut am Anfang.

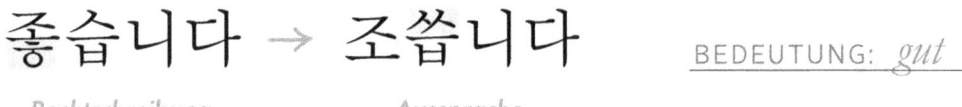

HÄUFIGE AUSNAHMEN

Die meisten Ausnahmeregeln lernt man einfach durch Lesen, Schreiben und Sprechen von mehr Koreanisch. Es gibt zu viele, um sie alle hervorzuheben, aber hier sind ein paar häufige:

1. Assimilationsausnahmen werden gemacht, wenn ㅁ oder ㅇ in der Position 받침 auf ㄹ in einer Anfangsstellung treffen. In beiden Fällen wird das ㄹ durch einen ㄴ-Laut ersetzt.

ㅁ / ㅇ + ㄹ   음력 → 음녁   *Mondkalender*

Weniger häufige Ausnahmen mit seltsam wirkenden Konsonanten vor dem Buchstaben ㄹ sind z. B. zum Beispiel: Buchstaben ㄱ, ㄷ oder ㅂ (+ㄹ) werden zu ㅇ, ㄴ bzw. ㅁ (+ㄴ).

2. ㅎ wird in der Endstellung als ㄷ ausgesprochen, aber wenn es auf den Buchstaben ㄴ als Anfangskonsonant trifft, sprechen wir es als ein anderes ㄴ aus:

ㅎ + ㄴ = ㄴ + ㄴ   닿는 → 단는   *berühren, erreichen*

3. Der Buchstabe ㅅ wird in der Endstellung wie ㄷ ausgesprochen, aber ㄷ wird wie ㅌ ausgesprochen wenn es von ㅎ gefolgt wird. Wenn also der Buchstabe ㅅ von ㅎ gefolgt wird, erfährt er zwei Lautänderungen auf einmal und wird als ㅌ ausgesprochen:

ㅅ + ㅎ = ㅌ   못하다 > 모타다   *kann nicht*

4. Der Buchstabe ㅅ hat in Verbindung mit den Vokalen 이 여 야 요 und 유 einen "sh-"-Laut, aber hat stattdessen einen "s-"-Laut bei den Vokalen 아 어 우 오 으 애 oder 에:

ㅅ = 's-' / 'sh-'   샴푸 *Shampoo* [syam-pu]   사서 *Bibliothekar* [sa-seo]

VEREINFACHUNG

Die Aussprache von Batchim kann auf einen von sieben Lauten vereinfacht werden, wie in der folgenden Tabelle dargestellt:

**Diese Buchstaben werden nie in der Endposition als Batchim (Endkonsonanten) verwendet.

'INTRUSIV' ㄴ

Es gibt einen unerwarteten ㄴ-Laut, den wir gelegentlich im Koreanischen hören. Es könnte vielleicht mit der Art und Weise verglichen werden, wie einige englische Wörter mit Lauten ausgesprochen werden, die nicht zu ihrer Schreibweise passen - wie der *'-ff'*-Laut in dem Wort *'rough'* (*ausgesprochen als 'ruff'*). Das ist zwar nicht dasselbe, aber es kann helfen, zu veranschaulichen, was für eine seltsame Art von Lautveränderung das Phänomen des *'aufdringlichen* ㄴ*'* ist!

Es ist eine interessante Regel, die Anfänger wahrscheinlich nicht zu lernen brauchen, aber sie taucht auf und ist es wert, verstanden zu werden. Unter besonderen Umständen kann der ㄴ-Laut auftauchen und Aussprachen erleichtern, die nicht von anderen Regeln abgedeckt werden - insbesondere, wie wir hier sehen werden, wird er hinzugefügt, wenn einige zusammengesetzte Wörter gesagt werden - zwei Wörter, die zusammengefügt werden, um eine neue Bedeutung zu schaffen.

꽃잎 → 꼰닙   BEDEUTUNG: *Blütenblatt*

Dies ist ein fantastisches Beispiel für ein zusammengesetztes Wort, das wir mit dieser Regel aussprechen - die beiden separaten Wörter, die es enthält, sind *Blume* 꽃 und *Blatt* 잎.

Eine intrusive ㄴ-Aussprache liegt vor, wenn beide Zeichen eigenständige Wörter sind - wie im obigen Beispiel. Das erste Wort muss ebenfalls mit 받침 *(hier Buchstabe* ㅊ *)* enden, und das zweite Wort muss mit einem von fünf bestimmten Vokalen ㅣ ㅑ ㅕ ㅛ oder ㅠ beginnen.

Wir können sehen, dass die korrekt geschriebene Version *(links)* ganz anders aussieht als die ausgesprochenen Version *(rechts transkribiert)*. Es gibt eine Reihe von Regeln, die in diesem Beispiel gleichzeitig wirken - hier ist eine kleine Aufschlüsselung:

꽃잎 → 꽃닢 → 꼰닢 → 꼰닙

Rechtschreibung   + ㄴ Regel   Nasalierung   Vereinfachung

Hinweis: Wenn der Endkonsonant der Buchstabe ㄹ *ist, sprechen wir dieses zusätzliche* ㄴ *stattdessen als* ㄹ *aus.*

Als Ausländer würde man Sie durchaus verstehen, wenn eine Regel wie diese an Ihnen vorbeigeht - über das aufdringliche ㄴ sollte man sich als Anfänger keine allzu großen Sorgen machen. Es ist durchaus fortgeschritten!

Teil 7

NÜTZLICHE WÖRTER & ANFÄNGER-VOKABELN

NUMMERN

Es gibt **zwei Zahlensysteme** im Koreanischen und beide werden regelmäßig im Alltag verwendet - wir müssen also beide lernen! Das erste System wird **Sino-Koreanisch** genannt und das zweite kann als *"reines Koreanisch"* oder **"Natives Koreanisch"** bezeichnet werden. Die beiden Systeme werden je nach Situation unterschiedlich verwendet und in manchen Kontexten sogar kombiniert.

Sino-Koreanisch *(oder chinesisch-koreanische)* ist ein Begriff, der Elemente der koreanischen Sprache beschreibt, die entweder von China beeinflusst sind oder dort ihren Ursprung haben. Fast zwei Drittel des koreanischen Wortschatzes werden als chinesisch-koreanisch angesehen und können entweder mit Hangul oder einem anderen Alphabet, genannt *Hanja (chinesische Zeichen)*, geschrieben werden.

Die koreanischen Zahlensysteme können ziemlich komplex klingen, aber beide arbeiten mit einer vertrauten Logik und nur eine relativ kleine Gruppe von Wörtern wird benötigt, um jede Zahl zu bilden, die wir brauchen.

#	'Native' Koreanisch		Sino-Koreanisch	
0	영*	[yeong]	공*	[gong]
1	하나	[ha-na]	일	[il]
2	둘	[dul]	이	[i]
3	셋	[set]	삼	[sam]
4	넷	[net]	사	[sa]
5	다섯	[da-seot]	오	[o]
6	여섯	[yeo seot]	육	[yuk]
7	일곱	[il-gop]	칠	[chil]
8	여덟	[yeo-deol]	팔	[pal]
9	아홉	[a-hop]	구	[gu]
10	열	[yeol]	십	[sip]

Wie jedes System im Allgemeinen verwendet wird:

Sino-Koreanisch

- Zeit *(nur Minuten)*
- Adressen
- Telefon-Nummern
- Sport/Spielstände
- Geld
- Termine
- Messungen
- *...alles andere!*

'Native' Koreanisch

- Zeit *(nur Stunden)*
- Zählen von Personen
- Zählen von Gegenständen
- Sequenzen
- Alter

Anmerkungen:

'Native' koreanische Zahlen enden bei 99, daher sind *Sino-koreanische* Zahlen bei 100 und höher.

'Native' koreanische Zahlen können auch leicht abweichende Formen als Adjektive haben, aber die hier gezeigten Wörter sind für fast jeden Kontext vollkommen ausreichend.

Beide Versionen von Null sind Hanja, abgeleitet aus dem Chinesischen - wir neigen dazu, 공 für chinesisch-koreanische Zahlen zu verwenden.

Sino-Koreanische Zahlen ganz einfach zu lernen! Sobald Sie sich die Zahlen 1-10 eingeprägt haben, bilden wir die meisten größeren Zahlen, indem wir diese einfach mit den Wörtern für größere, runde Zahlen wie 10, 100, 1000 usw. kombinieren. Zwischen 19 und 100 gibt es keine zusammengesetzten Wörter wie "zwanzig" oder "dreißig", und wir würden stattdessen "zwei-zehn" oder "drei-zehn" sagen. In der Tat werden einzelne Ziffern vor großen Zahlen multipliziert, und die folgenden werden addiert:

Zahl	Koreanisch	Struktur
2	이	2
12	십이	10---2
20	이십	10---2
22	이십이	2---10---2
200	이백	2---100
202	이백이	2---100---------2
212	이백십이	2---100-------10---2
220	이백이십	2---100---2---10
222	이백이십이	2---100---2---10---2

Zahl	Koreanisch
10	십
100	백
1,000	천
10,000	만
100,000	십만
1,000,000	백만
10,000,000	천만

...größere Zahlen werden auch über 10.000 multipliziert

Die großen, runden Zahlen ab 100 und aufwärts können auf zwei Arten ausgedrückt werden, wenn sie allein geschrieben werden - entweder als 일백 *'eine---hundert'* oder, häufiger, nur 백 *'hundert'*. Das Gleiche gilt für 일천 *'eine---tausend'* und 천 *'tausend'* - sie sind austauschbar.

Die **'Native Korean'** Nummerierung geht nur bis 99 und funktioniert etwas anders.

Wir müssen zusätzlich zu den einstelligen Zahlen eindeutige Wörter für jedes Vielfache von 10 lernen Zahlen.

Sie werden addiert, wie in den Beispielen in der nebenstehenden Tabelle, jeweils mit der Zahl 둘 *(2)* dargestellt:

Zahl	Koreanisch		Zahl	Koreanisch
10	열	>	12	열둘
20	스물	>	22	스물둘
30	서른	>	32	서른둘
40	마흔	>	40	마흔둘
50	쉰	>	52	쉰둘
60	예순	>	62	예순둘
70	일흔	>	70	일흔둘
80	여든	>	82	여든둘
90	아흔	>	92	아흔둘

ÜBUNGEN   Üben Sie das Schreiben der nachstehenden **"Nativen" koreanischen Zahlen**:

1	하나
2	둘
3	셋
4	넷
5	다섯
6	여섯
7	일곱
8	여덟
9	아홉
10	열
12	열둘
15	열다섯
18	열여덟
19	열아홉

ÜBUNGEN   Üben Sie das Schreiben der nachstehenden **"Nativen"** koreanischen Zahlen:

20	스물	
30	서른	
40	마흔	
50	쉰	
60	예순	
70	일흔	
80	여든	
90	아흔	
24	스물	넷
57	쉰	일곱
61	예순	하나
73	일흔	셋
86	여든	여섯
92	아흔	둘

ÜBUNGEN   Üben Sie das Schreiben der **Sino-koreanischen Zahlen** unten:

0	공							
1	일							
2	이							
3	삼							
4	사							
5	오							
6	육							
7	칠							
8	팔							
9	구							
10	십							
100	백							
1,000	천							
10,000	만							

ÜBUNGEN   Üben Sie das Schreiben der **Sino-koreanischen Zahlen** unten:

11	공	일				
19	십	구				
23	이	십	삼			
77	칠	십	칠			
125	백	이	십	오		
199	백	구	십	구		
201	이	백	일			
358	삼	백	오	십	팔	
540	오	백	사	십		
999	구	백	구	십	구	
1001	천	일				
2054	이	천	오	십	사	
9,999	구	천	구	백	구	십	구

TAGE UND MONATE

Üben Sie das Schreiben der Wochentage unten:

Die Wochentage haben *sino-koreanische Namen (chinesisch-koreanische)*, die durch fünf natürliche Elemente *(aus der chinesischen Kultur)* und die beiden Himmelskörper *(Sonne und Mond)* repräsentiert werden. Auch die Kalendermonate verwenden Sino-Koreanisch für die Benennung, obwohl sie dem Zahlensystem folgen, das wir gerade gelernt haben.

Das Format beim Schreiben eines Datums auf Koreanisch ist recht vertraut - wenn Sie Ihren Geburtstag schreiben würden, wäre es so angeordnet: JJJJ년 MM월 DD일 und die Zahl für Jahre kann auf zwei Ziffern reduziert werden. Wenn Sie die sino-koreanischen Zahlen und die eben genannten Wörter für Jahre, Tage und Monate lernen, können Sie ganz einfach jedes beliebige Datum schreiben - der *Hangeul-Tag* fällt auf den 9. Oktober - das wäre dann 10월 9일 ...oder 시월 구일, zum Beispiel.

Anmerkungen: 일 bedeutet *"Tag"* im untenstehenden Kontext, bedeutet aber *"Arbeit"*, wenn es isoliert verwendet wird. Der zweite Teil des Tagesnamens, 요일, kann auf die erste Silbe verkürzt gesehen werden. Außerdem werden die Symbole vor jedem Namen nicht unbedingt als Wörter in anderen Zusammenhängen für die gleiche Bedeutung verwendet - *z. B. ist "Sonne"* 태양, *nicht* 일.

Tipp: Westliche Wochentage haben *"day"* (oder *"Tag"*, *auf Deutsch*) am Ende, koreanische enden mit '-요일' *(yo-il)*.

MONTAG 월 *MOND*	월	요	일							
DIENSTAG 화 *FEUER*	화	요	일							
MITTWOCH 수 *WASSER*	수	요	일							
DONNERSTAG 목 *HOLZ*	목	요	일							
FREITAG 금 *GOLD*	금	요	일							
SAMSTAG 토 *ERDE*	토	요	일							
SONNTAG 일 *SONNE / TAG*	일	요	일							

Üben Sie das Schreiben der Monate des Jahres unten:

Die Monatsnamen sind einfach sino-koreanische Zahlen mit dem Wort 월 *(wol)*, was Monat bedeutet, z. B. 1월 ist Januar, 2월 ist Februar usw. Zwei Ausnahmen (mit * gekennzeichnet) haben leichte Änderungen, die die Aussprache erleichtern: Juni ist 유월 nicht 육월 & Oktober 시월 nicht 십월.

JANUAR 1월	일	월						
FEBRUAR 2월	이	월						
MÄRZ 3월	삼	월						
APRIL 4월	사	월						
MAI 5월	오	월						
JUNI * 6월	유	월						
JULI 7월	칠	월						
AUGUST 8월	팔	월						
SEPTEMBER 9월	구	월						
OKTOBER * 10월	시	월						
NOVEMBER 11월	십	일	월					
DEZEMBER 12월	십	이	월					

FARBEN

Nach dem Auswendiglernen des Alphabets und dem Erlernen von Zahlen und Daten ist ein nützlicher und einfacher nächster Schritt bei jeder neuen Sprache in der Regel das Erlernen des Schreibens und Sprechens der Farben.

Die Wörter in den folgenden Listen können generell als und Substantive verwendet werden. Sie werden schnell bemerken, dass sie alle auf 색 *(saek)* enden - eine Kurzversion von 색깔 *(saekkkal)* - was das koreanische Wort für "Farbe" ist. Wir verwenden das kurze Wort 색, wenn wir über eine bestimmte Farbe sprechen, aber in einigen Fällen, in denen bestimmte Farben als Adjektive verwendet werden, kann dies weggelassen werden, wenn Sie möchten. *Diese Farben sind mit * gekennzeichnet.*

Üben Sie das Schreiben der Farben unten:

ROT *	빨	간	색						
ORANGE	주	황	색						
GELB *	노	란	색						
GRÜN	초	록	색						
BLAU *	파	란	색						
LILA	보	라	색						
PINK	분	홍	색						
WEISS *	하	얀	색						
SCHWARZ	검	정	색						
GRAU	회	색							

Üben Sie unten das Schreiben einiger weiterer koreanischer Farbwörter:

GOLD	금	색							
SILBER	은	색							
BRONZE	청	동	색						
BROWN	갈	색							
NAVYBLAU	곤	색							
HIMMELBLAU	하	늘	색						
DUNKELGRÜN	초	록							
HELLGRÜN	연	두	색						
TURQUOISE	청	록	색						
TAN	황	갈	색						
JADE	비	취	색						
BEIGE	베	이	지	색					
PFIRSCHEN	복	숭	아	색					
RAINBOW	무	지	개	색					

VOKABELLISTEN

Die folgende Reihe von Seiten enthält eine Auswahl von Grundwortschatzlisten, kuratiert nach Themen. Das Auswendiglernen von Vokabeln ist eine sehr unterschätzte Aufgabe für Anfänger, die Koreanisch lernen. Neben der Beherrschung des Hangul-Alphabets wird Ihnen eine gute Kenntnis von Alltagswörtern sehr helfen, wenn Sie zu fortgeschritteneren Stufen aufsteigen. Es ist wichtig, daran zu denken, dass man einen guten Wortschatz braucht, wenn man mehr über Grammatik lernt und anfängt, richtige Sätze zu bilden. Versuchen Sie, Vokabeln in neue Listen zu kopieren - sowohl Wiederholung als auch persönliches Auswendiglernen helfen Ihnen sehr beim Einprägen neuer Vokabeln.

Auf der Rückseite des Buches befinden sich zusätzliche Seiten mit Übungsrastern, die Sie für den persönlichen Gebrauch fotokopieren können.

ESSEN 음식 & ZUM ESSEN 먹기

식사	Mahlzeit	접시	Teller
아침(식사)	Frühstück	그릇	Schale
점심(식사)	Mittagessen	냄비	Topf
저녁(식사)	Abendessen	탁자	Tisch
과자	Imbiss	음료수	Getränk
고기	Fleisch	물	Wasser
돼지고기	Schweinefleisch	콜라	Cola
소고기	Rindfleisch	맥주	Bier
닭고기	Huhn	사이다	Apfelwein
해물	Meeresfrüchte	켄	Dose
재료	Zutaten	병	Flasche
김치	Kimchi	우유	Milch
반찬	Beilage	냉면	kalte Nudeln
식당	Restaurant	밥	Reis
메뉴	Speisekarte	볶음밥	gebratener Reis
젓가락	Essstäbchen	만두	Knödel
칼	Messer	어묵	Fischkuchen
포크	Gabel	전	Pfannkuchen
숟가락	Löffel		
도마	Schneidebrett		

FRÜCHTE 과일 & GEMÜSE 채소

사과	Apfel	바나나	Banane
오렌지	Orange	파파야	Papaya
귤	Mandarine	마늘	Knoblauch
승도보숭아	Nektarine	양파	Zwiebel
포도	Weintrauben	당근	Karotte
배	Birne	감자	Kartoffel
멜론	Melone	고구마	Süßkartoffel
수박	Wassermelone	브로콜리	Brokkoli
레몬	Zitrone	버섯	Champignon
라임	Limette	양배추	Kraut
딸기	Erdbeere	완두콩	Erbsen
산딸기	Himbeere	옥수수	Mais
블루베리	Heidelbeere	부추	Lauch
블랙베리	Brombeere	순무	Rübe
크랜베리	Preiselbeere	호박	Kürbis
체리	Kirsche	토마토	Tomate
복숭아	Pfirsich	상추	Kopfsalat
살구	Aprikose	오이	Gurke
자두	Pflaume	피망	Paprika
키위	kiwi	셀러리	Staudensellerie
망고	Mango	아보카도	Avocado
파인애플	Ananas	샐러드	Salat
자몽	Grapefruit	올리브	Olive
석류	Granatapfel	애호박	Zucchini
코코넛	Kokosnuss	껍질콩	grüne Bohnen
피타야	Drachenfrucht	무	Rettich
두리안	Durian	견과	Nuss
대추	Jujube	아몬드	Mandel
금귤	Kumquat	땅콩	Erdnuss

EINKAUFEN 쇼핑 & KLEIDUNG 옷

식료품	Lebensmittelgeschäft	사다	zu kaufen
가게	Laden/Geschäft	바지	Hosen
약국	Apotheke	청바지	Jeans
빵집	Bäckerei	모자	Hut
열림 / 닫힘	offen/geschlossen	반바지	Shorts
슈퍼마켓	Supermarkt	치마	Rock
쇼핑센터	Einkaufszentrum	양말	Socken
백화점	Kaufhaus	신발	Schuhe
(전통)시장	(traditioneller) Markt	원피스	Kleid
편의점	Verbrauchermarkt	운동화	Turnschuhe
서점	Buchhandlung	양복	Anzug
꽃집	Blumenladen	안경	Brille
영업시간	Öffnungszeiten	셔츠	Hemd
돈	Geld	하이힐	Stöckelschuhe
현금	Bargeld	티셔츠	t-shirt
신용 카드	kreditkarte	재킷	Jacke
체크 카드	Debitkarte	드레스	Kleid
할인	Rabatt	파자마	Pyjama
반값	halber Preis	브라	BH
싸다	günstig	팬티	Unterwäsche
저렴하다	preiswert	코트	Mantel
가격표	Preisschild	구두	Kleid Schuh
기념품	Souvenirs		
보증서	Garantie		
환불	Rückerstattung		
교환	Umtausch		
영수증	Beleg		
세금	Steuer		
쿠폰	Coupon		

WETTER 날씨 & REISEN 여행

기온	Temperatur	맑다	klar
여름	Sommer	쌀쌀하다	kühl
겨울	Winter	영하	unter Null
가을	Herbst	영상	über Null
봄	Frühling	기후	Klima
하늘	Himmel	국내 여행	lokale Reise
구름	Wolken	해외 여행	Überseereise
이슬비	Nieselregen	비행기	Flugzeug
눈바람	Schneesturm	공항	Flughafen
비	Regen	해외	fremdes Land
눈	Schnee	버스	Bus
번개	Blitzschlag	버스 정류장	Bushaltestelle
천둥	Gewitter	역	Bahnhof
소나기	Schauer	버스 정류장	Busbahnhof
태풍	Taifun	여권	Reisepass
우산	Regenschirm	지하철	u-Bahn
비옷	Regenjacke	택시	Taxi
장마	Regenzeit	입장시간	Öffnungszeit
해	Sonne	마감시간	Schließzeit
가뭄	Trockenheit	숙소	Unterkunft
자외선	UV-Strahlen	짐	Gepäck
해변	Strand	지도	Karte
바다	Meer	관광 가이드	Reiseleiter
에어컨	Klimagerät	표	Fahrkarte
공기	Luft	다리	Brücke
바람	Wind	바다	Meer
폭염	Hitzewelle	등대	Leuchtturm
건조하다	trocken	해변	Strand
습하다	feucht	산	Berg

HAUS 집 & HEIM 가정

아파트	Wohnung	티비	TV
방	Zimmer	텔레비젼	Fernseher
바닥	Boden	소파	Sofa
천장	Decke	의자	Stuhl
일층	erster Stock	탁자	Tisch
지하실	Keller	식탁	Esstisch
다락방	Dachboden	책장	Bücherregal
계단	Treppe	라디오	Radio
정원	Garten	그림	Bild
창문	Fenster	페인팅	Gemälde
식물	Pflanze	침실	Schlafzimmer
화분	Blumentopf	침대	Bett
주방 / 부엌	Küche	베개	Kopfkissen
싱크대	Spülbecken (Küche)	자명종	Wecker
세탁기	Waschmaschine	옷장	Kleiderschrank
마이크로웨이브	Mikrowelle	깔개	teppich
냉장고	Kühlschrank	램프	Lampe
냉동고	Gefrierschrank	전구	Glühbirne
난로	Herd	거울	Spiegel
식기세척기	Geschirrspüler	포스터	Poster
오븐	Backofen	책상	Schreibtisch
주전자	Wasserkocher	컴퓨터	Computer
토스터	Toaster	화장실	Badezimmer
컵	Tasse	변기	Toilette
벽장	Schrank	샤워	Dusche
후라이팬	Bratpfanne	욕조	Badewanne
냄비	Topf	싱크	Waschbecken
거실	Wohnstube	약상자	Medizinschrank
가구	Möbel		

KÖRPER 몸

머리	Kopf	가슴	Brust
이마	Stirn	등	Rücken
눈	Auge	허리	Taille
귀	Ohr	배꼽	Bauchnabel
귓불	Ohrläppchen	다리	Bein
코	Nase	허벅지	Oberschenkel
입	Mund	무릎	Knie
입술	Lippen	종아리	Wade
혀	Zunge	발	Fuß
볼/뺨	Wange	발목	Knöchel
이/치아	Zahn/Zähne	발톱	Zehennagel
턱	Kinn	발꿈치	Ferse
목	Hals	발바닥	Sohle
목구멍	Kehle	발가락	Zeh
어깨	Schulter	근육	Muskel
쇄골	Schlüsselbein	뼈	Knochen
팔	Arm	심장	Herz
팔목	Handgelenk	피 / 혈액	Blut
팔꿈치	Ellenbogen	위	Magen
손	Hand	머리카락	Haare
손바닥	Handfläche	수염	Gesichtshaar
주먹	Faust	콧수염	Schnurrbart
손가락	Finger	눈썹	Augenbraue
엄지손가락	Daumen	얼굴	Gesicht
집게손가락	Zeigefinger	피부	Haut
약지	Ringfinger	점	Fleck
손톱	Fingernagel	보조개	Grübchen
중지	Mittelfinger	여드름	Pickel
새끼 손가락	Kleiner Finger	주근깨	Sommersprosse

TELEFON 전화

메시지	Nachricht
지도	Karte
카메라	Kamera
사진	Foto
갤러리	galerie
시계	Uhr
미리알림	Erinnerung
캘린더	Kalender
주소록	Kontakte
계산기	rechner
음악	Musik
소리	Ton
방해금지 모드	Bitte nicht stören
제어 센터	Modus
에어플레인	Kontrollzentrum
모드	Flugzeugmodus
알림	benachrichtigung
(홈)화면	(Start-)Bildschirm
잠그화면	Sperrbildschirm
설정	Einstellungen
와이파이	Wi-Fi
개인용 핫스팟	Hotspot
이동통신사	Mobilnetz
셀률러	Mobilfunknetz
모바일 데이터	mobile Daten
전원 끄기	ausschalten
번역	Übersetzer
앱	app
메모리	speicher
로그인	Anmeldung
비밀번호	Passwort
선택	auswählen
복사	kopieren
붙여넣기	einfügen
이동	verschieben
지르기	zuschneiden
이름 변경	umbenennen
계속	Fortsetzen
취소	Abbrechen
입력	Eingabe
수신함	Posteingang
오전	am
오후	pm
좋아하다	mögen
팔로워	Follower
페이지	Seite
활동	Aktivität
새 포스트	neuer Beitrag
리블로그하다	neu posten
임시 저장	Entwürfe
답하기	antworten
위치	Standort
익명으로	Anonym
배터리 전원 부족	schwache Batterie

BESCHÄFTIGUNGEN 직업

직장	Arbeitsplatz	바텐더	Barkeeper
경력	Karriere	전기기사	Elektriker
이력서	Lebenslauf	경찰	Polizeibeamter
면접	Vorstellungsgespräch	소방관	Feuerwehrmann
고용주	Arbeitgeber	배관공	Klempner
연봉	Jahresgehalt	어부	Fischer
월급	Monatsgehalt	정육점	Fleischer
동료	Kollege	목수	Schreiner
회의	Besprechung	건축가	Architekt
출장	Geschäftsreise	조종사	Pilot
퇴직자	Ruheständler	약사	Apotheker
선생님	Lehrer	점원	Lagerist
교수님	Professor	정원사	Gärtner
연구원	Forscher	수의사	Tierarzt
학생	Student	미용사	Friseur
간호사	Krankenschwester	운동선수	Sportler
치과의사	Zahnarzt	노동자	Arbeiter
의사	Arzt	수리 기사	Reparaturtechniker
군인	Soldat	사진사	Fotograf
요리사	Koch/Köchin	프로그래머	Programmierer
변호사	Rechtsanwalt	가수	Sänger
비사	Sekretärin	배우	Schauspieler
은행가	Banker	사무원	Büroangestellter
작가	Schriftsteller/Autor	농장주/농부	Landwirt
기자	Journalist	택시기사	Taxifahrer
엔지니어	Ingenieur	기술자	Techniker
과학자	Wissenschaftler	보모	Kindermädchen
디자이너	Designer	예술가	Künstler
정비사	Mechaniker	회계사	Buchhalter

BESCHÄFTIGUNGEN 직업

TIERE 동물 & INSEKTEN 벌레

애완동물	Haustier	오리	Ente
개	Hund	비둘기	Taube
강아지	Welpe	거위	Gans
고양이	Katze	독수리	Adler
새	Vogel	뱀	Schlange
물고기	Fisch	북극곰	Eisbär
코끼리	Elefant	캥거루	Känguru
사자	Löwe	돌고래	Delphin
호랑이	Tiger	상어	Hai
곰	Bär	오징어	Tintenfisch
기린	Giraffe	문어	Oktopus
얼룩말	Zebra	게	Krabbe
고릴라	Gorilla	장어	Aal
원숭이	Affe	나비	Schmetterling
판다	Panda	다람쥐	Eichhörnchen
하마	Nilpferd	오소리	Dachs
코뿔소	rhinoceros	토끼	Kaninchen
고래	Wal	햄스터	Hamster
거북이	Schildkröte	기니피그	Meerschweinchen
악어	Krokodil	개구리	frosch
거미	Spinne	늑대	wolf
벌	Biene	사슴	reh
개미	Ameise	여우	fuchs
소	Kuh	칠면조	Truthahn
염소	Ziege	도마뱀	Eidechse
양	Schaf	표범	leopard
말	Pferd	치타	Gepard
돼지	Schwein	펭귄	Pinguin
앵무새	Papagei	침팬지	Schimpanse

FAMILIE 가족

가족	Familie
아이들	Kinder
아들	Sohn
딸	Tochter
아이	Kind
부모(님)	Eltern
어머니	Mutter (formell)
어머님	Mutter (Anrede)
엄마	Mutter (informell)
아버지	Vater (formell)
아버님	Vater (Ehrentitel)
아빠	Vater (informell)
조부모(님)	Großeltern
할아버지	Großvater
할아버님	Großvater (Ehrentitel)
할머니	Großmutter
할머님	Großmutter (Ehrentitel)
배우자	Ehepartner
남편	Ehemann
아내	Ehefrau
형제자매	Geschwister (allgemein)
형제	Brüder
자매	Schwestern
누나	ältere Schwester (für männlich)
형	älterer Bruder (für männlich)
언니	ältere Schwester (für weiblich)
오빠	älterer Bruder (für weiblich)
여동생	jüngere Schwester
남동생	jüngerer Bruder

HOBBYS 취미

여행	Reisen
외국어	Fremdsprache
요리	Kochen
독서	Lesen
운동	Sport
독서	Bücher lesen
영화 감상	Filme schauen
비디오 게임	Videospiele
스포츠	Sport
축구	Fußball
야구	Baseball
농구	Basketball
수영	Schwimmen
조깅	Joggen
테니스	Tennis
골프	Golf
스키	Ski
미식축구	Fußball
배구	Volleyball
태권도	Taekwondo
등산	Wandern
달리기	Laufen
춤	Tanzen
가요	K-Pop
미술	bildende Kunst
낮잠	Mittagsschlaf
휴가	Urlaub
문화	Kultur
수다	chatten

SCHNELLES QUIZ! D

Stellen wir Ihr Gedächtnis auf die Probe!

1
사	
구	
이	
칠	

2
8	
3	
5	
1	

3
이십삼	
육십구	
십육	
삼십팔	

4 Wie viel des koreanischen Wortschatzes hat ungefähr chinesischen Ursprung?

    A. alle   B. 1/3
    C. 2/3   D. Hälfte   _____

5 Was ist das koreanische Wort für Montag, den Tag, der nach dem Mond benannt ist?

    A. 화요일   B. 목요일
    C. 일요일   D. 월요일   _____

6 Wie sagt man den Namen des 11. Monats, November, auf Koreanisch?

    A. 십일월   B. 삼이월
    C. 십이월   D. 삼일월   _____

7 Welche Farbe wird als **파란색** geschrieben?

    A. blau   B. weiß
    C. schwarz   D. gelb
    E. grün   F. rot   _____

8
사백십육	
팔백십이	
삼백이십일	

9
540	
199	
704	

(Siehe Antworten - Seite 128)

Teil 8

REFERENZTABELLEN & ANTWORTEN

		ㅏ a	ㅑ ya	ㅓ eo	ㅕ yeo	ㅗ o	ㅛ yo	ㅜ u	ㅠ yu	ㅡ eu	ㅣ i
ㄱ	g	가 ga	갸 gya	거 geo	겨 gyeo	고 go	교 gyo	구 gu	규 gyu	그 geu	기 gi
ㅋ	k	카 ka	캬 kya	커 keo	켜 kyeo	코 ko	쿄 kyo	쿠 ku	큐 kyu	크 keu	키 ki
ㄴ	n	나 na	냐 nya	너 neo	녀 nyeo	노 no	뇨 nyo	누 nu	뉴 nyu	느 neu	니 ni
ㄷ	d	다 da	댜 dya	더 deo	뎌 dyeo	도 do	됴 dyo	두 du	듀 dyu	드 deu	디 di
ㅌ	t	타 ta	탸 tya	터 teo	텨 tyeo	토 to	툐 tyo	투 tu	튜 tyu	트 teu	티 ti
ㄹ	r/l	라 ra	랴 rya	러 reo	려 ryeo	로 ro	료 ryo	루 ru	류 ryu	르 reu	리 ri
ㅁ	m	마 ma	먀 mya	머 meo	며 myeo	모 mo	묘 myo	무 mu	뮤 myu	므 meu	미 mi
ㅂ	b	바 ba	뱌 bya	버 beo	벼 byeo	보 bo	뵤 byo	부 bu	뷰 byu	브 beu	비 bi
ㅍ	p	파 pa	퍄 pya	퍼 peo	펴 pyeo	포 po	표 pyo	푸 pu	퓨 pyu	프 peu	피 pi
ㅅ	s	사 sa	샤 sya	서 seo	셔 syeo	소 so	쇼 syo	수 su	슈 syu	스 seu	시 si
ㅈ	j	자 ja	쟈 jya	저 jeo	져 jyeo	조 jo	죠 jyo	주 ju	쥬 jyu	즈 jeu	지 ji
ㅊ	ch	차 cha	챠 chya	처 cheo	쳐 chyeo	초 cho	쵸 chyo	추 chu	츄 chyu	츠 cheu	치 chi
ㅇ	ng	아 a	야 ya	어 eo	여 yeo	오 o	요 yo	우 u	유 yu	으 eu	이 i
ㅎ	h	하 ha	햐 hya	허 heo	혀 hyeo	호 ho	효 hyo	후 hu	휴 hyu	흐 heu	히 hi

		ㅐ ae	ㅒ yae	ㅔ e	ㅖ ye	ㅚ oe	ㅘ wa	ㅙ wae	ㅟ wi	ㅝ wo	ㅞ we	ㅢ ui
ㄱ	g	개 gae	걔 gyae	게 ge	계 gye	괴 goe	과 gwa	괘 gwae	귀 gwi	궈 gwo	궤 gwe	긔 gui
ㅋ	k	캐 kae	컈 kyae	케 ke	켸 kye	쾨 koe	콰 kaw	쾌 kwae	퀴 kwi	쿼 kwo	퀘 kwe	킈 kui
ㄴ	n	내 nae	냬 nyae	네 ne	녜 nye	뇌 noe	놔 nwa	놰 nwae	뉘 nwi	눠 nwo	눼 nwe	늬 nui
ㄷ	d	대 dae	댸 dyae	데 de	뎨 dye	되 doe	돠 dwa	돼 dwae	뒤 dwi	둬 dwo	뒈 dwe	듸 dui
ㅌ	t	태 tae	턔 tyae	테 te	톄 tye	퇴 toe	톼 twa	퇘 twae	튀 twi	퉈 two	퉤 twe	틔 tui
ㄹ	r/l	래 rae	럐 ryae	레 re	례 rye	뢰 roe	롸 rwa	뢔 rwae	뤼 rwi	뤄 rwo	뤠 rwe	릐 rui
ㅁ	m	매 mae	먜 myae	메 me	몌 mye	뫼 moe	뫄 mwa	뫠 mwae	뮈 mwi	뭐 mwo	뭬 mwe	믜 mui
ㅂ	b	배 bae	뱨 byae	베 be	볘 bye	뵈 boe	봐 bwa	봬 bwae	뷔 bwi	붜 bwo	붸 bwe	븨 bui
ㅍ	p	패 pae	퍠 pyae	페 pe	폐 pye	푀 poe	퐈 pwa	퐤 pwae	퓌 pwi	풔 pwo	풰 pwe	픠 pui
ㅅ	s	새 sae	섀 syae	세 se	셰 sye	쇠 soe	솨 swa	쇄 swae	쉬 swi	숴 swo	쉐 swe	싀 sui
ㅈ	j	재 jae	쟤 jyae	제 je	졔 jye	죄 joe	좌 jwa	좨 jwae	쥐 jwi	줘 jwo	줴 jwe	즤 jui
ㅊ	ch	채 chae	챼 chyae	체 che	쳬 chye	최 choe	촤 chwa	쵀 chwae	취 chwi	춰 chwo	췌 chwe	츼 chui
ㅇ	ng	애 ae	얘 yae	에 eo	예 ye	외 oe	와 wa	왜 wae	위 wi	워 wo	웨 we	의 ui
ㅎ	h	해 hae	햬 hyae	헤 he	혜 hye	회 hoe	화 hwa	홰 hwae	휘 hwi	훠 hwo	훼 hwe	희 hui

	ㅐ ae	ㅒ yae	ㅔ e	ㅖ ye	ㅚ oe	ㅘ wa	ㅙ wae	ㅟ wi	ㅝ wo	ㅞ we	ㅢ ui
ㄲ gg	깨 ggae	깨 ggyae	께 gge	꼐 ggye	꾀 ggoe	꽈 ggwa	꽤 ggwae	뀌 ggi	꿔 ggwo	꿰 ggwe	끠 ggui
ㄸ dd	때 ddae	떄 ddyae	떼 dde	뗴 ddye	뙤 ddoe	똬 ddaw	뙈 ddwae	뛰 ddi	뚸 ddwo	뛔 ddwe	띄 ddui
ㅃ bb	빼 bbae	뺴 bbyae	뻬 bbe	뼤 bbye	뾔 bboe	빠 bbwa	뽸 bbwae	쀠 bbi	뿨 bbwo	쀄 bbwe	쁴 bbui
ㅆ ss	쌔 ssae	썌 ssyae	쎄 sse	쎼 ssye	쐬 ssoe	쏴 sswa	쐐 sswae	쒸 ssi	쒀 sswo	쒜 sswe	씌 ssui
ㅉ jj	째 jjae	쨰 jjyae	쩨 jje	쪠 jjye	쬐 jjoe	쫘 jjwa	쫴 jjwae	쮜 jji	쭤 jjwo	쮀 jjwe	찌 jjui

Wir müssen nicht jedes mögliche Zeichen auswendig lernen - indem wir einfach die grundlegenden Hangul-Buchstaben lernen und wie sie geschrieben werden, können Sie alle möglichen Kombinationen lesen und schreiben.

Hinweis: Theoretisch gibt es Hunderte und Tausende von möglichen Silbenkombinationen, aber sehr viele davon werden im Alltagskoreanisch nur selten verwendet. Tatsächlich gibt es viele, die überhaupt nicht verwendet werden!

	ㅏ a	ㅑ ya	ㅓ eo	ㅕ yeo	ㅗ o	ㅛ yo	ㅜ u	ㅠ yu	ㅡ eu	ㅣ i
ㄲ gg	까 gga	꺄 ggya	꺼 ggeo	껴 ggyeo	꼬 ggo	꾜 ggyo	꾸 ggu	뀨 ggyu	끄 ggeu	끼 ggi
ㄸ dd	따 dda	땨 ddya	떠 ddeo	뗘 ddyeo	또 ddo	뚀 ddyo	뚜 ddu	뜌 ddyu	뜨 ddeu	띠 ddi
ㅃ bb	빠 bba	뺘 bbya	뻐 bbeo	뼈 bbyeo	뽀 bbo	뾰 bbyo	뿌 bbu	쀼 bbyu	쁘 bbeu	삐 bbi
ㅆ ss	싸 ssa	쌰 ssya	써 sseo	쎠 ssyeo	쏘 sso	쑈 ssyo	쑤 ssu	쓔 ssyu	쓰 sseu	씨 ssi
ㅉ jj	짜 jja	쨔 jjya	쩌 jjeo	쪄 jjyeo	쪼 jjo	쬬 jjyo	쭈 jju	쮸 jjyu	쯔 jjeu	찌 jji

SILBEN ÜBEN SEITEN 87-89

ㄱ 아 ㅈ	갖	ㅍ 야 ㄼ	퍒	ㄱ 예 ㄼ	곕
ㅁ 요 ㅈ	묒	ㅂ 애 ㄼ	뱁	ㄲ 와 ㄼ	꽙
ㅂ 우 ㅎ	붛	ㄹ 와 ㄽ	롨	ㅁ 으 ㄲ	믁
ㄲ 이 ㄹ	낄	ㅈ 유 ㄾ	즅	ㅋ 야 ㄽ	컌
ㅍ 애 ㄼ	퍱	ㅃ 야 ㄿ	뺲	ㅈ 애 ㄾ	잩
ㅅ 에 ㄼ	셃	ㄴ 왜 ㄲ	놖	ㅃ 요 ㄼ	뾥
ㅈ 야 ㄽ	쟜	ㅎ 오 ㅀ	홇	ㅊ 아 ㅀ	찮
ㅃ 어 ㄾ	뻍	ㅂ 이 ㅄ	빗	ㅌ 유 ㄾ	튤
ㅊ 유 ㄿ	츂	ㅁ 워 ㅈ	뭦	ㅂ 왜 ㅄ	뷊
ㅌ 여 ㅀ	텽	ㄸ 아 ㄼ	땁	ㅍ 오 ㅈ	폿
ㄹ 오 ㅄ	롮	ㅅ 우 ㄾ	숱	ㄹ 의 ㅎ	릫
ㄷ 애 ㅈ	댖	ㄴ 워 ㅈ	눚	ㄷ 이 ㄹ	딜
ㅋ 으 ㄼ	큼	ㅉ 왜 ㅎ	쫺	ㅋ 애 ㄼ	캠
ㅆ 우 ㄾ	쑡	ㄷ 예 ㄹ	뎰	ㅎ 요 ㄱ	횩

ANTWORTEN

QUIZ A — SEITE 48

1. **A** Das 'yu' in Yule
2. **B** 피
3. **D** ㅇ
4. **C** ㅈ
5. **C** 3
6. **B** 4
7. **C** ㅣ
8. **A C F G**
9. **B** ㄷ
10. **D** Das 'g' in gut

QUIZ B — SEITE 78

1. **D** Das 'ye' in 'yes'
2. **B** 11
3. **B G H**
4. **C** 키위
5. **A** Das 'wee' in Weekend
6. **A** 6
7. **B** ㅒ
8. **D** ㅃ
9. **C** Computer
10. 한글

QUIZ C — SEITE 90

1. **B** Wie 'k' in Dock
2. **C** 11
3. **D** 러
4. **B** 7
5. **C** Wie 'l' in Engel
6. **B** Wie 'k' in Dock
7. **A** [말께]
8. **B** 갃
9. **D** [갑슬]
10. **C** Wie 'l' in Engel

QUIZ D — SEITE 122

1. 4 = 사, 9 = 구, 2 = 이, 7 = 칠
2. 8 = 팔, 3 = 삼, 5 = 오, 1 = 일
3. 23 = 이십삼, 69 = 육십구, 16 = 십육, 38 = 삼십팔
4. **C** 2/3
5. **D** 월요일
6. **A** 십일월
7. **A** blau
8. 416 = 사백십육, 812 = 팔백십이, 321 = 삼백이십일
9. 540 = 오백사십, 199 = 백구십구, 704 = 칠백사

Teil 9

PRAXIS-SEITEN

RASTERPAPIER FÜR WEITERE ÜBUNGEN

Teil 10

FLASH CARD-SEITEN
FOTOKOPIEREN ODER AUSSCHNEIDEN & AUFBEWAHREN

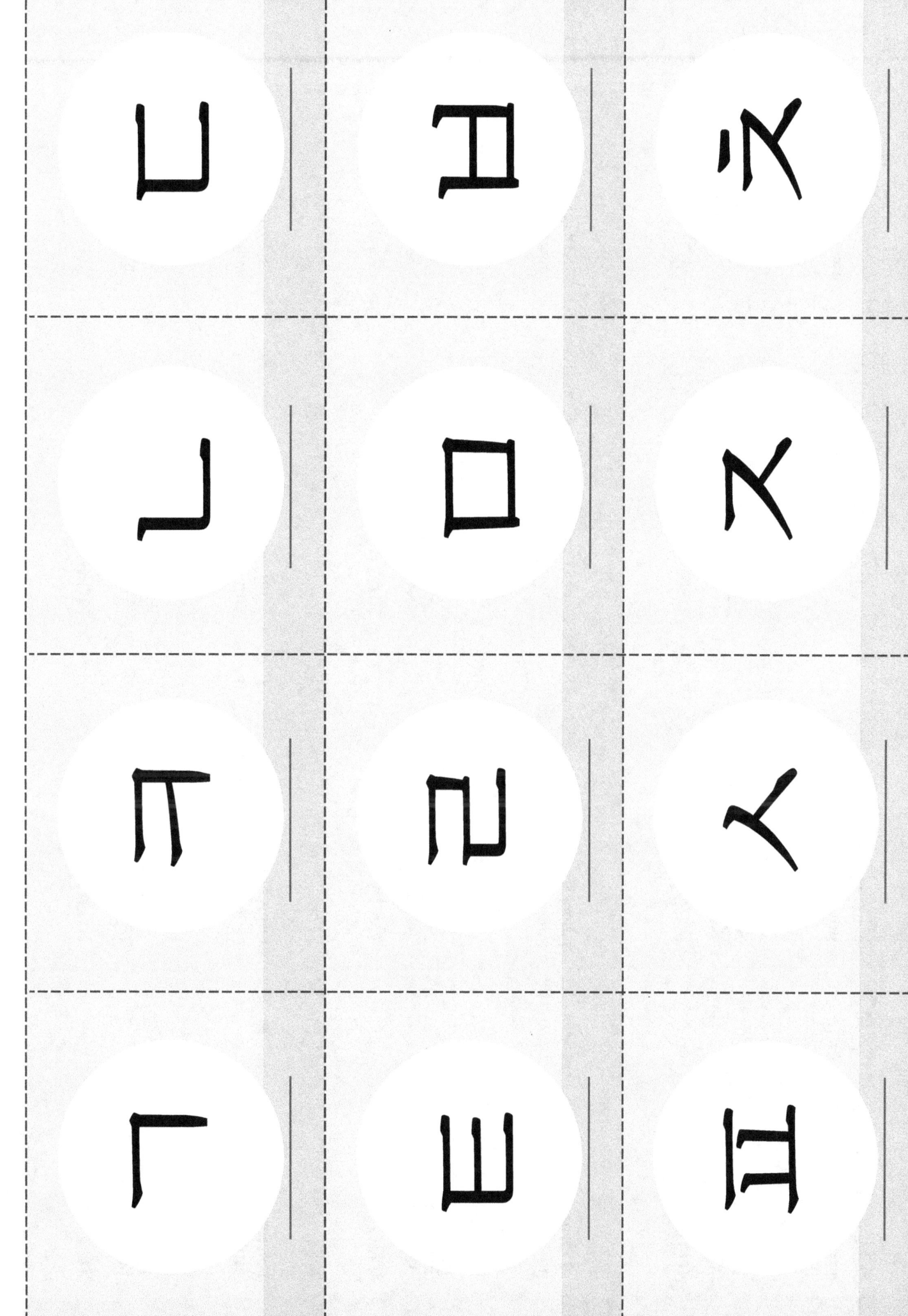

DIGEUT
디귿

INITIAL d wie das 'd' in Dock
FINAL   t wie das 't' in Zeit

NIEUN
니은

INITIAL n wie das 'n' in Natur
FINAL   n wie das 'n' in Ton

GIYEOK
기역

INITIAL g wie das 'g' in gut
FINAL   k wie das 'k' in Dock

BIEUP
비읍

INITIAL b wie das 'b' in Banane
FINAL   p wie das 'p' in Soap

MIEUM
미음

INITIAL m wie das 'm' in Morgen
FINAL   m wie das 'm' in Team

KIEUK
키읔

INITIAL k wie das 'k' in Kaugummi
FINAL   k wie das 'k' in Frühstück

CHIEUT
치읓

INITIAL ch wie das 'ch' in Champ
FINAL   t   wie das 't' in gut

JIEUT
지읒

INITIAL j wie das 'j' in Job
FINAL   t wie das 'ch' in Zeit

RIEUL
리을

INITIAL r wie das 'r' in runde
FINAL   l wie das 'l' in Engel

TIEUT
티읕

INITIAL t wie das 't' in Ton
FINAL   t wie das 't' in Zeit

PIEUP
피읖

INITIAL p wie das 'p' in Pizza
FINAL   p wie das 'p' in Stopp

SIOT
시옷

INITIAL s wie das 's' in Snow
FINAL   t wie das 't' in gut

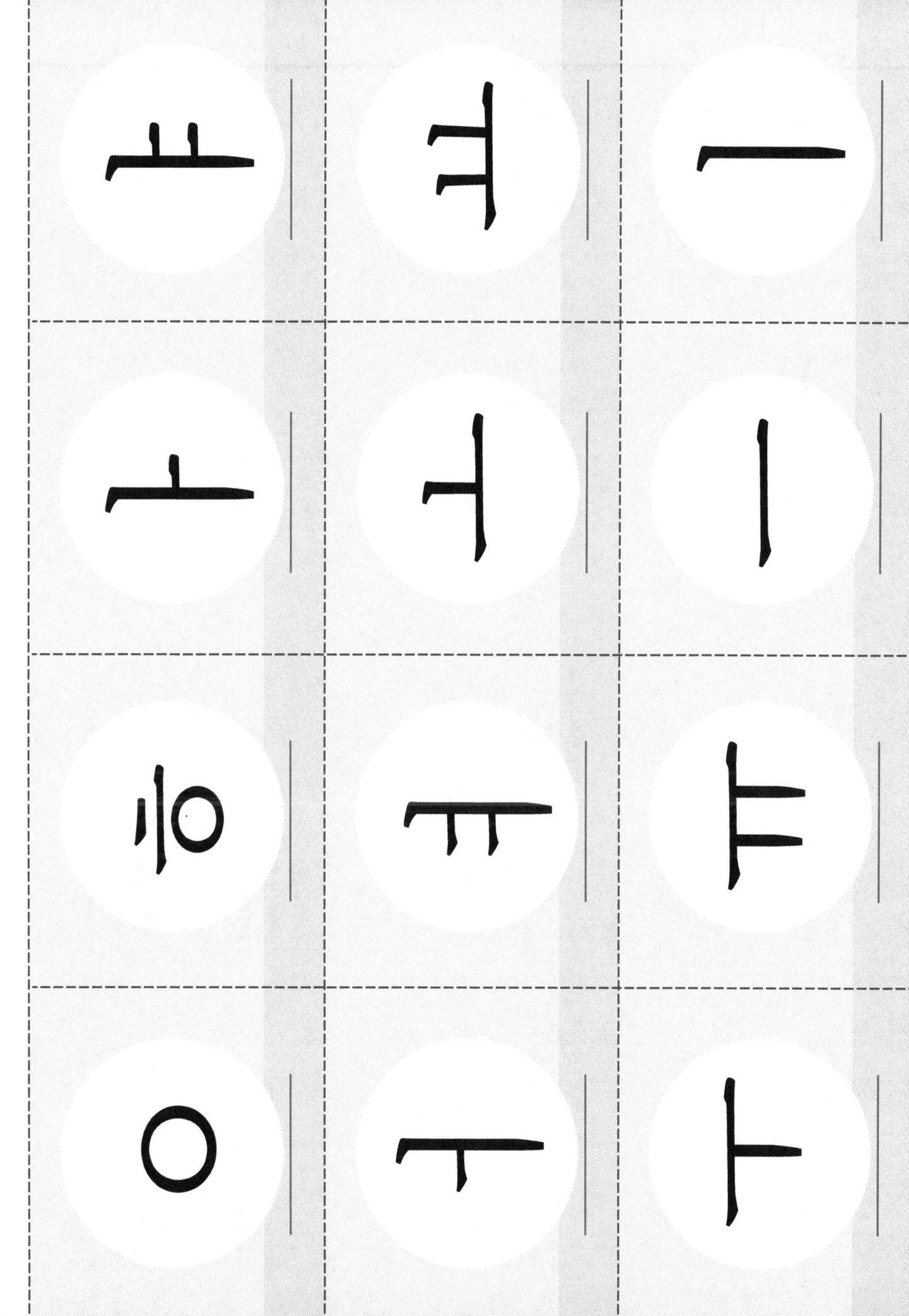

'YA'
Wird ausgesprochen wie das **'ya' in Yard** - *wie bei 'a', aber mit einem weichen 'y'-Laut vorne.*

'YO'
Wird ausgesprochen wie das **'yo' in Yoga** - *wie bei 'o', aber mit einem weichen 'y'-Laut vorne.*

'I'
Ausgesprochen wie das **'ee' in Meer** - *Breiter Mund, Zähne enger zusammen (nicht geschlossen)*

'A'
Ausgesprochen wie das **'a'-Laut in Apfel**

'O'
Wie **'das 'o' in orange** *Der Mund ist O-förmig geöffnet, wobei die Lippen still gehalten werden*

'EU'
Wie ein enttäuschtes **'Eurgh'-Geräusch** *'Uh' mit weitem Mund, zurückgezogenen Mundwinkeln, zusammengepressten Zähnen*

HIEUT
INITIAL **h** like the 'h' in Hof
FINAL **t** like the 't' in gut

'YEO'
Ausgesprochen wie das **'yu' in yum** *Genau wie bei 'eo', aber mit einem weichen 'y'-Laut vorne.*

'YU'
Ausgesprochen wie das **'yu' in Yule** *Genau wie bei 'u', aber mit einem weichen 'y'-Laut vorne.*

IEUNG

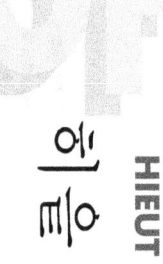

INITIAL **stummer Platzhalter**
FINAL **ng** wie das 'ng' in Klang

'EO'
Ausgesprochen wie das **'u' in Bus** *Mund in einer langen, hohen Form öffnen und die Lippen still halten.*

'U'
Ausgesprochen wie das **'oo' in cool** *Abgerundete Lippenform, offener Mund mit vorstehendem Unterkiefer*

ㅠ	어	ㄴ
ㅑ	여	이
ㅛ	오	유
ㅛ	아	야

'YE' wie das 'ye' in 'yes' *Genau wie* ㅔ *mit einem* *'y'-Laut vorne*	**'WI'** das 'wee' in Weekend *oo-ee' aber in einem einzigen,* *weichen Klang*	**SSANG GIYEOK** 쌍기역 'guh' wie das 'g' in groß *Ähnlich wie* ㄱ*, aber angespannt*
'E' das 'e' in Test *Schwierig zu unterscheiden von* ㅐ	**'WAE'** 'weh' wie das 'we' in West *Im Wesentlichen 'oh-ae'*	**'UI'** u-ee' oder 'u-wee' in einem einzigen, kurzen Laut ausgesprochen
'YAE' 'yeh' wie das Wort 'yeah' *Genau wie* ㅐ *mit einem 'y'-Laut vorne*	**'WA'** 'wa' in Taiwan (weiches 'w') *Wie 'oh-ah', gesprochen als einzelner Laut*	**'WE'** 'o-eh' wie das 'we' in West *Schwierig von* 왜 *zu unterscheiden*
'AE' 'eh' fast wie das 'e' in zehn *Schwierig von* ㅔ *zu unterscheiden*	**'OE'** 'weh' wie das 'we' in West *'oh-eh' als einzelner Laut gesprochen*	**'WO'** das 'wo' in Wok - *Wie 'uh-or',* *kurz und weich gesprochen*

ㅉ	ㅆ	ㅃ	ㄸ

ÜBERTRAGENDE LAUTE 음아 ㅁ	ASSIMILIERTE LAUTE ㄹ	KOMPLEXE KONSONANTEN 겹받침	LAUTVEREINFACHUNG 받침

ZUNEHMENDE INTENSITÄT 짜ㅂ	NASALE ASSIMILATION ㅁ/ㅇ	PALATALE EFFEKTE VON 이/히	ASPIRATIONSWIRKUNG VON ㅎ

SSANG JIEUT 쌍지읒

das 'j' in Job, mit Kraft erzeugt

Klingt ähnlich wie ㅈ (jieut), aber angespannt

SSANG SIOT 쌍시옷

ein '-s'-Laut, mit Kraft erzeugt

Klingt ähnlich wie ㅅ (siot), aber angespannt

SSANG BIEUP 쌍비읍

das 'b' in Banane

Klingt ähnlich wie ㅂ (bieup), aber angespannt

SSANG DIGEUT 쌍디귿

der 'd'-Laut in Dock

Klingt ähnlich wie ㄷ (digeut), aber angespannt.

RE-SILBIFIZIERUNG

Endkonsonant gefolgt von einem Anfangsvokal, Lautübertrag.

엄 아 / 으 막 → 으막

Final ㅇ nicht übertragen, und Final ㅎ nicht gehört/schwach

ㄴ+ㄹ > ㄹ+ㄹ
ㄹ+ㄴ > ㄹ+ㄹ

Erzeugt einen doppelten 'L'-Ton

— *Aber sonst...* —

ㄹ+ㄹ > ㄹ

Erzeugt einen einzelnen 'L'-Ton

Gefolgt von einem Konsonanten:

ㄳ ㄽ ㄾ ㄺ > Aussprechen **ZUERST**
ㄶ ㄵ ㄶ
ㄼ ㄿ ㄻ ㅄ > Aussprechen **ZWEITE**

Gefolgt von einem Vokal:

TRENNEN > 2. TRAGEN
BEIDE AUSSPRECHEN

Es gelten Ausnahmen

Aussprache als Endkonsonanten ändern

ㄲ ㅋ > ㄱ
ㅌ ㅎ ㅅ ㅆ > ㄷ
ㅈ ㅊ
ㅍ > ㅂ

INTENSIFICATION

ㄱㄷㅂㅅㅈ nach 받침 werden verdoppelt zu ㄲ ㄸ ㅃ ㅆ ㅉ

잣ㅈ | 접ㅉ | 잡ㅉ

ㄱ+ㄴ/ㅁ > ㄱ=ㅇ
ㅂ+ㄴ/ㅁ > ㅂ=ㅁ
ㄷ+ㄴ/ㅁ > ㄷ=ㄴ

Note: ㄱ+ㄹ > ㅇ=ㄴ

Wenn vereinfacht 받침-Laute auf nasale Laute ㅁ oder ㄴ treffen

PALATALISIERUNG

ㄷ + 이 > 지
ㅌ + 이 > 치
ㄷ + 히 > 치

Neue Laute, die mit bestimmten Buchstabenkombinationen in der Geschwindigkeit erzeugt werden.

ㄱ
ㄷ +ㅎ
ㅂ   **OR**   ㅎ+ ㄱ > ㅋ
ㅈ   ㄷ > ㅌ
                          ㅂ > ㅍ
                          ㅈ > ㅊ

Konsonantenklänge, die durch ㅎ gestärkt werden.

Final ㅎ intensiviert einleitendes ㅅ, und macht es zu einem ㅆ.

감사합니다
(gam-sa-ham-ni-da)

Dankeschön!

Danke, dass Sie sich für unser Buch entschieden haben!

Sie sind nun auf dem besten Weg, Koreanisch lesen, schreiben und sprechen zu lernen, und wir hoffen, dass Ihnen unser Hangul-Arbeitsheft für Anfänger gefallen hat.

Wenn es Ihnen Spaß gemacht hat, mit uns Koreanisch zu lernen, würden wir uns sehr freuen, wenn Sie uns in einer Bewertung von Ihren Fortschritten berichten.

Wir sind immer begierig zu lernen, wenn es irgendetwas gibt, was wir tun können, um unsere Bücher für zukünftige Studenten besser zu machen. Wir sind bestrebt, die besten Sprachlerninhalte zur Verfügung zu stellen! Bitte setzen Sie sich mit uns per E-Mail in Verbindung, wenn Sie ein Problem mit dem Inhalt dieses Buches hatten:

hello@polyscholar.com

POLYSCHOLAR

www.polyscholar.com

© Copyright 2021 Jennie Lee - Alle Rechte vorbehalten

Rechtliche Hinweise: Dieses Buch ist urheberrechtlich geschützt. Dieses Buch ist nur für den persönlichen Gebrauch bestimmt. Der in diesem Buch enthaltene Inhalt darf ohne direkte schriftliche Genehmigung des Autors oder des Herausgebers nicht reproduziert, vervielfältigt oder übertragen werden. Sie dürfen den Inhalt dieses Buches ohne die Zustimmung des Autors oder des Herausgebers nicht verändern, verteilen, verkaufen, verwenden, zitieren oder paraphrasieren.